Racconti in Indonesiano

Racconti in Indonesiano per principianti e intermedi

Nur Setiawan

greenthumbpublishing@gmail.com

Contenuti

Introduzione

La lettura di una lingua straniera è uno dei modi più efficaci per migliorare le competenze linguistiche e ampliare il vocabolario. Tuttavia, a volte può essere difficile trovare materiali di lettura coinvolgenti e di livello adeguato, che diano una sensazione di realizzazione e di progresso. La maggior parte dei libri e degli articoli scritti per i madrelingua può essere troppo lunga e difficile da capire, oppure può avere un vocabolario di livello molto alto, per cui ci si sente sopraffatti e si rinuncia. Se questi problemi vi suonano familiari, allora questo libro fa per voi!

Racconti Brevi in Indonesiano è una raccolta di 25 racconti non convenzionali e divertenti pensati per aiutare gli studenti di livello da principiante a intermedio di Indonesiano a migliorare le loro competenze linguistiche.

Questi racconti creano un ambiente di lettura di supporto, includendo;

- Ricchi contenuti linguistici in diversi generi per intrattenere l'utente ed esporlo a una varietà di forme di parole.
- Storie brevi in capitoli per darvi la soddisfazione di finire le storie e progredire rapidamente.
- Testi scritti al vostro livello in modo da essere più facilmente comprensibili e non opprimenti.
- Traduzione italiana a pagine alterne per potervi fare riferimento direttamente riga per riga durante la lettura della storia Indonesiano.
- I vocaboli chiave sono stampati in grassetto lungo tutta la storia e la traduzione per aiutare a capire

meglio le parole non familiari.

- Domande di comprensione per testare la comprensione degli eventi chiave e per incoraggiare la lettura più approfondita.

Se volete ampliare il vostro vocabolario, migliorare la vostra comprensione o semplicemente leggere per divertimento, questo libro è il più grande passo avanti che farete nei vostri studi quest'anno. I Racconti Brevi in Indonesiano vi daranno tutto il supporto di cui avete bisogno, quindi sedetevi, rilassatevi e lasciate correre la vostra immaginazione mentre venite trasportati in un magico mondo di avventura, mistero e intrighi - in Indonesiano!

Come utilizzare questo libro

La lettura è un talento difficile da padroneggiare. Nella nostra lingua madre usiamo una serie di micro-abilità per aiutarci a leggere. Ad esempio, possiamo sfogliare un brano per avere una comprensione approssimativa del contenuto. Oppure potremmo sfogliare numerose pagine di un orario ferroviario alla ricerca di un orario o di un luogo specifico. Mentre queste micro-abilità sono una seconda natura quando leggiamo nella nostra lingua madre, la ricerca rivela che spesso dimentichiamo la maggior parte di esse quando leggiamo in una lingua straniera. Quando si impara una lingua straniera, di solito si parte dall'inizio di un testo e lo si sfoglia, cercando di capire ogni singola parola. Inevitabilmente, ci imbattiamo in termini sconosciuti o complessi e ci infastidisce l'incapacità di comprenderli.

Uno dei maggiori vantaggi della lettura di una lingua straniera è quello di essere esposti a un gran numero di frasi ed espressioni che vengono utilizzate nelle situazioni quotidiane. La lettura intensiva è un termine usato per descrivere la lettura per piacere al fine di imparare una lingua. Non è come la lettura di un libro di testo, quando le conversazioni o i testi sono concepiti per essere letti lentamente e con attenzione con l'obiettivo di comprendere ogni parola. La "lettura intensiva" si riferisce alla lettura effettuata per raggiungere obiettivi di apprendimento specifici o per completare compiti. In altre parole, la lettura approfondita dei libri di testo di solito favorisce l'apprendimento di regole grammaticali e di un vocabolario particolare, mentre la lettura intensiva di storie favorisce l'apprendimento del linguaggio

naturale.

I Racconti Brevi in Indonesiano vi offriranno l'opportunità di conoscere meglio la lingua naturale Indonesiano in uso, anche se forse avete iniziato il vostro percorso di apprendimento delle lingue esclusivamente con i libri di testo. Ecco alcuni suggerimenti da tenere a mente mentre leggete le storie di questo libro per trarne il massimo beneficio: Quando si tratta di leggere, il divertimento e il senso di realizzazione sono fondamentali. Si continua a tornare perché ci si diverte a leggere. Leggere ogni storia dall'inizio alla fine è il metodo migliore per godersi le storie e sentirsi realizzati. Di conseguenza, la cosa più importante è arrivare alla fine di una storia. È più importante che conoscere ogni singola parola.

Più si legge, più si acquisisce conoscenza. Se si leggono libri più grandi per piacere, si acquisisce rapidamente una conoscenza di come funziona la Indonesiano. Tuttavia, tenete presente che per ottenere tutti i benefici della lettura estensiva, dovete prima leggere un volume sufficientemente consistente. Leggere qualche pagina qua e là può insegnare qualche parola nuova, ma non farà una differenza significativa nel livello generale di Indonesiano.

Accettate il fatto che non riuscirete a comprendere tutto ciò che leggete in un romanzo. Questo è, senza dubbio, il punto più cruciale! Ricordate sempre che non capire tutte le parole o le frasi è assolutamente accettabile. Non significa che le vostre competenze linguistiche siano inadeguate o che il vostro rendimento sia scarso. Indica che state partecipando attivamente al processo di apprendimento.

Guida alla lettura

Per trarre il massimo beneficio dalla lettura di Racconti Brevi in Indonesiano, è meglio seguire questo semplice processo di lettura in sei fasi per ogni capitolo dei racconti:

1. Leggete il titolo del capitolo. Pensate al tema della storia. Poi leggete la storia fino in fondo. Il vostro obiettivo è semplicemente quello di arrivare alla fine della storia. Pertanto, non fermatevi a cercare le parole e non preoccupatevi se ci sono cose che non capite. Cercate semplicemente di seguire la trama.

2. Quando arrivate alla fine della storia, scrutate la traduzione italiana per vedere se avete capito cosa è successo e per cogliere il contesto che vi è sfuggito.

3. Tornate indietro e rileggete la stessa storia. Se volete, potete concentrarvi di più sui dettagli della storia rispetto a prima, ma altrimenti leggete semplicemente un'altra volta.

4. Successivamente, leggete le domande di comprensione in Indonesiano per verificare la vostra comprensione degli eventi chiave della storia. Se non capite completamente le domande, non preoccupatevi. Utilizzate le vostre conoscenze per rispondere al meglio.

5. A questo punto dovreste aver compreso gli eventi principali del capitolo. In caso contrario, potreste rileggere il capitolo alcune volte utilizzando la traduzione per controllare le parole e le frasi sconosciute fino a quando non vi sentirete sicuri.

Una volta che siete pronti e sicuri di aver capito cosa è successo - che sia dopo una o più letture della storia - passate alla storia successiva e continuate a godervi la storia al vostro ritmo, proprio come fareste con qualsiasi altro libro.

Solo una volta completata una storia nella sua interezza, si può pensare di tornare indietro e studiare il linguaggio della storia in modo più approfondito, se lo si desidera. Oppure, invece di preoccuparvi di capire tutto, prendetevi del tempo per concentrarvi su ciò che avete capito e congratularvi con voi stessi per quanto avete fatto.

Racconti in Indonesiano

Nur Setiawan

Pulau Bali

Matahari terbenam di atas pulau Bali, dan sinar cahaya terakhir menyinari ombak yang menerjang pantai. Suara ombak itu menenangkan, dan membuat saya merasa damai. Saya memejamkan mata dan menarik napas dalam-dalam, **mencium aroma** udara yang asin. Saya merasakan **seseorang** duduk di sebelah saya, dan saya **membuka** mata untuk melihat siapa orang itu. Itu adalah seorang gadis seusiaku dengan rambut hitam panjang dan mata coklat gelap. Dia **tersenyum** padaku, dan aku tidak bisa menahan senyumku kembali. Kami duduk di sana dalam keheningan untuk sementara waktu, hanya menyaksikan matahari terbenam. Akhirnya, dia berbicara. “Namaku Maya,” katanya dengan lembut. “Siapa namamu?” Saya menjawab, “Saya Alex.” Senang bertemu denganmu. Kami duduk di sana berbicara selama berjam-jam, sampai hari mulai gelap.

Akhirnya, kami mengucapkan selamat tinggal dan berpisah. Tetapi saya tahu bahwa saya tidak akan pernah melupakan momen itu atau gadis itu. Maya dan saya menjadi teman yang cepat setelah pertemuan pertama itu. Kami menghabiskan waktu setiap hari **bersama**, menjelajahi pulau dan saling mengenal satu sama lain dengan lebih baik. Saya mengetahui

Isola di Bali

Il sole stava tramontando sull'isola di Bali e gli ultimi raggi di luce illuminavano le onde che si infrangevano sulla riva. Il suono delle onde era rilassante e mi faceva sentire in pace. Chiusi gli occhi e respirai profondamente, **annusando l**'aria salata. Sentii **qualcuno** sedersi accanto a me e **aprii** gli occhi per vedere chi fosse. Era una ragazza della mia età, con lunghi capelli neri e occhi marrone scuro. Mi **sorrise** e io non potei fare a meno di ricambiare il sorriso. Rimanemmo lì in silenzio per un po', a guardare il tramonto. Alla fine lei parlò. "Mi chiamo Maya", disse dolcemente. "E tu come ti chiami?". Risposi: "Io sono Alex". Piacere di conoscerti. Rimanemmo lì a parlare per ore, finché non cominciò a fare buio.

Alla fine ci siamo salutati e abbiamo preso strade diverse. Ma sapevo che non avrei mai dimenticato quel momento o quella ragazza. Dopo quel primo incontro, Maya e io diventammo subito amiche. Passavamo ogni giorno **insieme**, esplorando l'isola e conoscendoci meglio. Scoprii che veniva da un piccolo villaggio in montagna e che era venuta in spiaggia per cambiare aria. Mi ha raccontato della sua vita a casa e io ho condiviso con lei le mie storie. Ridevamo insieme, piangevamo insieme e ci godevamo la reciproca

bahwa dia berasal dari sebuah desa kecil di pegunungan, dan dia datang ke pantai untuk mengubah pemandangan. Dia bercerita tentang kehidupannya di kampung halamannya, dan saya berbagi cerita tentang kehidupan saya sendiri dengannya. Kami tertawa bersama, menangis bersama, dan hanya menikmati **kebersamaan** satu sama lain. Suatu hari, Maya bertanya kepada saya apakah saya ingin pergi bertualang bersamanya. Dia mengatakan bahwa ada tempat yang ingin dia tunjukkan kepada saya yang sangat istimewa baginya. Tentu saja saya mengiyakan, dan kami berangkat ke hutan. Setelah berjalan berjam-jam, akhirnya kami tiba di tempat **tujuan** kami: sebuah air terjun tersembunyi jauh di dalam hutan.

Maya telah **datang** ke sini sejak dia masih kecil, dan tempat ini menyimpan banyak kenangan baginya. Kami duduk di tepi air dan berbincang-bincang lagi sambil menyaksikan matahari terbenam di balik pepohonan. Saat malam mulai tiba, Maya **menyarankan** agar kami kembali ke rumah sebelum hari menjadi terlalu gelap. Tetapi saya tidak ingin waktu kami bersama berakhir begitu saja. Saya **menyarankan** agar kami menghabiskan malam di sana, di bawah bintang-bintang. Maya ragu-ragu pada awalnya, tetapi kemudian dia setuju. Jadi kami membuat tempat tidur darurat dari dedaunan dan ranting-ranting pohon, dan kami berbaring berdampingan untuk melihat ke langit.

compagnia. Un giorno Maya mi chiese se volevo vivere un'avventura con lei. Mi disse che voleva mostrarmi un posto molto speciale per lei. Naturalmente ho detto di sì e siamo partiti per la giungla. Dopo ore di cammino, arrivammo finalmente a **destinazione**: una cascata nascosta nel cuore della giungla.

Maya **veniva** qui da quando era bambina e per lei c'erano molti ricordi. Ci sedemmo in riva al mare e parlammo ancora un po' mentre guardavamo il sole tramontare dietro gli alberi. Quando iniziò a calare la notte, Maya **suggerì** di tornare a casa prima che facesse troppo buio. Ma io non volevo che il tempo trascorso insieme finisse. **Proposi** di passare la notte lì, sotto le stelle. Maya all'inizio esitò, ma poi accettò. Così preparammo un letto di fortuna con foglie e rami e ci sdraiammo fianco a fianco per guardare il cielo.

Pertanyaan Pemahaman

1. Dari mana Maya berasal?

2. Apa yang dilakukan Maya dan Alex bersama-sama?

3. Tempat khusus apa yang dibawa Maya kepada Alex?

4. Bagaimana perasaan Alex dan Maya tentang satu sama lain?

5. Mengapa Maya harus meninggalkan Bali?

6. Apa yang dilakukan Alex dan Maya untuk tetap berhubungan?

7. Bagaimana cerita akan berakhir berbeda jika Alex tidak menyarankan untuk bermalam di air terjun?

8. Menurut Anda, apa yang diwakili oleh kuil itu bagi Maya?

9. Menurut Anda, apa yang ingin disampaikan oleh penulis tentang persahabatan?

10. Apa saja pengalaman Anda sendiri tentang persahabatan?

Domande di comprensione

1. Da dove viene Maya?

2. Che cosa hanno fatto Maya e Alex insieme?

3. Qual è il luogo speciale in cui Maya ha portato Alex?

4. Cosa provano Alex e Maya l'uno per l'altra?

5. Perché Maya ha dovuto lasciare Bali?

6. Cosa hanno fatto Alex e Maya per rimanere in contatto?

7. Come sarebbe potuta finire diversamente la storia se Alex non avesse proposto di passare la notte alla cascata?

8. Cosa pensate che rappresentasse il tempio per Maya?

9. Cosa pensi che l'autore stia cercando di dire sull'amicizia?

10. Quali sono le vostre esperienze di amicizia?

Candi Borobudur

Matahari terbenam di balik **pegunungan**, memancarkan warna jingga yang indah di langit. Candi Borobudur menjulang di depan saya, batu-batu kunonya diterangi oleh sinar **matahari** terakhir. Saya merasakan kekaguman saat **mendekati** tempat suci ini. Saya telah membaca tentang Borobudur di buku-buku dan melihat foto-fotonya, tetapi tidak ada yang bisa mempersiapkan saya untuk pemandangan di depan saya.

Kuil itu sangat besar, dengan ukiran-ukiran yang rumit di setiap permukaannya. Saya bisa melihat figur-figur Buddha duduk bermeditasi, **dikelilingi** oleh hewan-hewan dan simbol-simbol lainnya. Sungguh **menakjubkan**. Saat saya berjalan mendekati kuil, saya merasakan rasa damai menyelimuti saya. Tempat ini memancarkan ketenangan dan ketenteraman, dan saya tahu bahwa saya akan menemukan **jawaban** atas **pertanyaan-pertanyaan** saya di sini. Saya berjalan melewati **pintu masuk** kuil dan masuk ke ruang utama. Di dalamnya sejuk dan gelap, dan saya bisa melihat lilin-lilin yang **berkedip-kedip** di ceruk-ceruk di sekitar ruangan.

Saya merasakan rasa **hormat** saat saya melihat

Tempio di Borobudur

Il sole stava tramontando dietro le **montagne**, proiettando nel cielo una splendida tonalità arancione. Il tempio di Borobudur si stagliava davanti a me, con le sue antiche pietre illuminate dagli ultimi raggi di **sole**. Ho provato un senso di soggezione nell'**avvicinarmi a** questo luogo sacro. Avevo letto di Borobudur nei libri e avevo visto delle foto, ma nulla poteva prepararmi allo spettacolo che avevo davanti.

Il tempio era enorme, con intagli intricati su ogni superficie. Vedevo figure di Buddha seduti in meditazione, **circondati** da animali e altri simboli. Era davvero **mozzafiato**. Avvicinandomi al tempio, ho sentito un senso di pace. Questo luogo irradiava calma e serenità e sapevo che qui avrei trovato **le risposte** alle mie **domande**. Attraversai l'**ingresso** del tempio ed entrai nella sala principale. L'interno era fresco e buio e potevo vedere le candele **che tremolavano** nelle nicchie intorno alla stanza.

Ho provato un senso di **riverenza guardando** la statua di **Buddha al** centro della stanza. Mi sedetti a gambe incrociate davanti al Buddha e chiusi gli occhi, iniziando a meditare. Lasciai che tutti i pensieri abbandonassero la mia mente e mi concentrai semplicemente sul mio

patung **Buddha** di tengah ruangan. Saya duduk bersila di depan Buddha dan memejamkan mata, mulai bermeditasi. Saya membiarkan semua pikiran meninggalkan pikiran saya dan hanya fokus pada napas saya. Setelah beberapa waktu, saya merasakan rasa damai yang mendalam menetap di dalam diri saya. **Tiba-tiba**, saya mendengar suara yang berbicara kepada saya dari dalam pikiran saya sendiri. "Jangan mencari jawaban dari orang lain, tetapi temukanlah jawaban itu di dalam diri Anda sendiri." Suara itu tenang dan **menenangkan**, dan itu memenuhi saya dengan **kekuatan** dan **keyakinan**. "Anda tahu bahwa Anda memiliki semua yang Anda butuhkan untuk menemukan jalan Anda. Dengan kata-kata ini bergema di kepala saya, saya membuka mata dan bangkit dari meditasi. Saya merasa lebih ringan dari sebelumnya, seolah-olah ada beban yang terangkat dari diri saya.

Saat saya meninggalkan Candi Borobudur, saya menyadari bahwa tempat ini bukan hanya tentang menemukan jawaban. Ini adalah tentang **menemukan** diri saya sendiri. Dan untuk itu, saya selamanya bersyukur. Matahari telah terbit pada saat saya meninggalkan candi, dan saya merasakan awal yang baru saat saya berjalan kembali menyusuri jalan setapak. Jawaban yang saya cari ada di dalam diri saya selama ini, dan **Borobudur** telah membantu saya untuk menemukannya.

respiro. Dopo qualche tempo, sentii un profondo senso di pace stabilirsi dentro di me. **All'improvviso**, sentii una voce che mi parlava dall'interno della mia stessa mente. "Non cercare le risposte dagli altri, ma trovale dentro di te". La voce era calma e **rassicurante** e mi riempì di **forza** e **fiducia**. "Sai che hai tutto ciò che ti serve per trovare la tua strada". Con queste parole che risuonavano nella mia testa, aprii gli occhi e mi alzai dalla meditazione. Mi sentivo più leggera di prima, come se mi fossi tolta un peso di dosso.

Quando ho lasciato il tempio di Borobudur, mi sono resa conto che questo luogo non era solo per trovare risposte. Si trattava di **scoprire** me stessa. E di questo sono per sempre grata. Il sole era già sorto quando ho lasciato il tempio e ho sentito un senso di nuovo inizio mentre camminavo lungo il sentiero. Le risposte che cercavo erano dentro di me da sempre, e **il Borobudur** mi aveva aiutato a trovarle.

Pertanyaan Pemahaman

1. Apa yang dirasakan penulis ketika mendekati candi Borobudur?

2. Apa yang dipikirkan penulis tentang kuil setelah melihatnya?

3. Apakah yang penulis perhatikan tentang ukiran-ukiran di kuil?

4. Bagaimanakah perasaan penulis ketika memasuki ruang utama kuil?

5. Apakah yang dilihat oleh penulis di ruang utama Bait Suci?

6. Apa yang terjadi pada pengarang ketika bermeditasi di depan patung Buddha?

7. Apa reaksi pengarang terhadap suara yang berbicara kepada mereka?

8. Bagaimana perasaan penulis setelah meninggalkan kuil?

9. Menurut penulis, apa tujuan dari candi Borobudur?

Domande di comprensione

1. Che cosa prova l'autore quando si avvicina al tempio di Borobudur?

2. Cosa pensa l'autore del tempio quando lo vede?

3. Che cosa nota l'autore delle incisioni sul tempio?

4. Come si sente l'autore quando entra nella sala principale del tempio?

5. Cosa vede l'autore nella camera principale del tempio?

6. Cosa succede all'autore mentre medita davanti alla statua di Buddha?

7. Qual è la reazione dell'autore alla voce che gli parla?

8. Come si sente l'autore quando lascia il tempio?

9. Secondo l'autore, qual è lo scopo del tempio di Borobudur?

Sawah Terasering

Matahari terbenam di atas sawah, memancarkan cahaya jingga yang indah di atas **lanskap**. Itu adalah pemandangan yang damai, pemandangan yang **tidak berubah** selama berabad-abad. Tetapi ada sesuatu yang berbeda di udara **malam ini**. Perasaan gembira dan antisipasi Malam ini, roh-roh sawah akan menjadi hidup. Hanya untuk satu malam saja, mereka akan menari dan bernyanyi dan merayakan kehidupan. Ini adalah **peristiwa** khusus yang hanya terjadi sekali setiap seratus tahun, dan semua orang sangat ingin menyaksikannya. Saat **kegelapan** turun, roh pertama muncul. Dia adalah seorang wanita muda dengan rambut hitam panjang yang tergerai di punggungnya. Dia mengenakan pakaian **tradisional** yang terbuat dari kain berwarna cerah, dan dia membawa sekeranjang beras di kepalanya.

Perlahan tapi pasti, lebih banyak roh-roh mulai bermunculan dari seluruh penjuru teras sampai ada **ratusan** dari mereka berkumpul bersama di satu tempat." Tanah bergetar dan pohon-pohon bergoyang seolah-olah terjebak dalam angin kencang. Itu adalah pemandangan yang **menggembirakan** untuk dilihat. Musiknya cepat dan meriah, dan segera membuat semua orang dalam keadaan seperti kesurupan.

Le terrazze di riso

Il sole stava tramontando sulle terrazze di riso, proiettando un bellissimo bagliore arancione sul **paesaggio**. Era una scena tranquilla, **immutata** da secoli. Ma **stasera c'**era qualcosa di diverso nell'aria. Una sensazione di eccitazione e di attesa Questa sera, gli spiriti delle terrazze di riso si sarebbero animati. Per una sola notte, avrebbero ballato, cantato e celebrato la vita. Era un'**occasione** speciale che si verificava solo una volta ogni cento anni, e tutti erano ansiosi di assistervi. Al calar **delle tenebre**, apparve il primo spirito. Era una giovane donna con lunghi capelli neri che le scendevano lungo la schiena. Indossava un abito **tradizionale** fatto di stoffe dai colori vivaci e portava un cesto di riso sulla testa.

Lentamente ma inesorabilmente, altri spiriti cominciarono ad apparire da tutti gli angoli delle terrazze, finché non furono **centinaia quelli** riuniti in un unico luogo. "Quando gli spiriti cominciarono a danzare, crearono un vortice di **energia** che riempì l'aria con una carica **elettrica**". Il terreno tremava e gli alberi ondeggiavano come se fossero stati investiti da un forte vento. Era uno spettacolo **esilarante** da vedere. La musica era veloce e vivace e ben presto portò tutti in uno stato di trance. Ballarono tutta la notte, finché il

Mereka menari sepanjang malam, sampai matahari mulai terbit kembali. Saat fajar menyingsing, para arwah perlahan-lahan **menghilang** kembali ke sawah, hanya meninggalkan tawa dan kenangan malam ajaib ini. Selama sisa hidup mereka, mereka yang telah **menyaksikan** roh-roh sawah menari tidak akan pernah melupakan malam ajaib itu.

Itu adalah pengalaman yang akan mereka **kenang** selamanya. Keesokan harinya, **semua orang** membicarakan tentang peristiwa malam sebelumnya. Mereka semua sepakat bahwa itu adalah salah satu hal paling **menakjubkan yang** pernah mereka lihat. Sawah-sawah menjadi hidup dan menari untuk mereka. Itu adalah pengalaman yang benar-benar ajaib. Bahkan mereka yang tidak berada di sana mengatakan bahwa mereka bisa merasakan energi dari acara tersebut dari tempat mereka berdiri. Ada rasa sukacita dan kebahagiaan di udara yang **terasa jelas**. Sepertinya segala sesuatu mungkin terjadi karena mereka telah menyaksikan keajaiban seperti itu dengan mata kepala mereka sendiri. " "Apakah Anda pikir kita akan pernah melihat sesuatu seperti itu lagi?" tanya seseorang."("Saya tidak tahu," jawab **orang** lain. "Tapi saya yakin berharap demikian." **Semua orang** menjalani hidup mereka, tetapi selalu ada perasaan gembira dan antisipasi untuk waktu berikutnya roh-roh sawah akan hidup dan menari untuk mereka sekali lagi.

sole non iniziò a sorgere di nuovo. Al sorgere dell'alba, gli spiriti **scomparvero** lentamente tra le terrazze di riso, lasciandosi dietro solo le loro risate e i ricordi di quella notte magica. Per il resto della loro vita, coloro che avevano **assistito alla** danza degli spiriti delle terrazze di riso non avrebbero mai dimenticato quella notte magica.

Era un'esperienza che avrebbero **conservato** per sempre. Il giorno dopo, **tutti** parlavano degli eventi della notte precedente. Erano tutti d'accordo nel dire che era una delle cose più **incredibili che avessero** mai visto. Le terrazze di riso si erano animate e avevano danzato per loro. È stata un'esperienza davvero magica. Anche chi non era presente ha detto di poter sentire l'energia dell'evento da dove si trovava. C'era un senso di gioia e felicità nell'aria che era **palpabile**. Sembrava che tutto fosse possibile, ora che avevano assistito a questa magia con i loro occhi. "Pensi che vedremo mai più una cosa del genere?", chiese qualcuno."("Non lo so", rispose un'altra **persona**. "Ma spero proprio di sì". **Tutti** continuavano a vivere la loro vita, ma c'era sempre una sensazione di eccitazione e di attesa per la prossima volta che gli spiriti delle terrazze di riso si sarebbero animati e avrebbero danzato ancora una volta per loro.

Pertanyaan Pemahaman

1. Perasaan apa yang ada di udara pada malam ketika arwah-arwah di sawah akan datang?

2. Seberapa sering peristiwa ini terjadi?

3. Bagaimana arwah-arwah itu menghilang di akhir acara?

4. Apa reaksi orang-orang yang tidak menyaksikan peristiwa itu?

5. Apa yang ditinggalkan oleh para roh ketika mereka menghilang?

6. Apakah reaksi dari mereka yang menyaksikan peristiwa itu?

7. Apakah perasaan yang mendasari bagi mereka yang tidak menyaksikan peristiwa itu?

8. Bagaimana peristiwa itu dibandingkan dengan seratus tahun sebelumnya?

9. Apakah reaksi orang-orang yang menyaksikan peristiwa seratus tahun sebelumnya?

Domande di comprensione

1. Quale sensazione si respirava nell'aria la notte in cui gli spiriti delle terrazze di riso avrebbero preso vita?

2. Con quale frequenza si verifica questo evento?

3. Come sono scomparsi gli spiriti alla fine dell'evento?

4. Qual è stata la reazione di coloro che non hanno assistito all'evento?

5. Cosa hanno lasciato gli spiriti quando sono scomparsi?

6. Qual è stata la reazione di coloro che hanno assistito all'evento?

7. Qual è stato il sentimento di fondo per coloro che non hanno assistito all'evento?

8. Come si è svolto l'evento rispetto a cento anni prima?

9. Qual è stata la reazione di coloro che hanno assistito all'evento cento anni prima?

Gunung berapi Krakatau

Gunung berapi Krakatau adalah tempat yang indah dan mematikan. Terletak di **Indonesia** dan merupakan salah satu gunung berapi paling **berbahaya** di dunia. Terakhir kali meletus, gunung ini menewaskan lebih dari 36.000 orang. Tapi itu tidak menghentikan wisatawan untuk datang melihat keindahannya. Suatu hari, sekelompok **turis** memutuskan untuk mendaki di sekitar gunung berapi. Mereka tidak siap dengan apa yang akan mereka lihat. Ketika mereka semakin dekat ke kawah, mereka bisa merasakan panas **yang memancar** dari kawah. Mereka juga bisa melihat lava yang **menggelegak** di dalamnya. Saat mereka semakin dekat, salah satu pendaki terpeleset dan jatuh ke dalam kawah! Yang lain mencoba menolongnya, tetapi sudah terlambat; dia sudah mati. Ini menunjukkan betapa **berbahayanya** gunung berapi ini.

Meskipun **indah**, Anda harus selalu berhati-hati saat berada di dekatnya karena bisa membunuh Anda dalam sekejap! Sekelompok turis sangat terkejut setelah apa yang telah terjadi. Mereka tidak percaya bahwa seseorang telah meninggal tepat di depan mereka. Tetapi mereka tahu bahwa mereka harus

Vulcano Krakatoa

Il vulcano Krakatoa è un luogo bellissimo e mortale. Si trova in **Indonesia** ed è uno dei vulcani più **pericolosi** del mondo. L'ultima volta che ha eruttato, ha ucciso oltre 36.000 persone. Ma questo non ha impedito ai turisti di venire a vedere la sua bellezza. Un giorno, un gruppo di **turisti** decise di fare un'escursione intorno al vulcano. Non erano preparati a ciò che stavano per vedere. Man mano che si avvicinavano al cratere, potevano sentire il calore **che emanava**. Potevano anche vedere la lava **che ribolliva all**'interno. Mentre si avvicinavano, uno degli escursionisti scivolò e cadde nel cratere! Gli altri hanno cercato di aiutarlo, ma era troppo tardi: era già morto. Questo dimostra quanto possa essere **pericoloso** questo vulcano.

Anche se è **bellissimo**, bisogna sempre fare attenzione quando ci si avvicina perché può uccidere in un attimo! Il gruppo di turisti era sotto shock per l'accaduto. Non potevano credere che qualcuno fosse morto proprio davanti a loro. Ma sapevano che dovevano andare avanti perché ormai non si poteva più tornare indietro. Mentre continuavano la loro escursione, iniziarono a sentire uno strano rumore. Sembrava che qualcosa

terus berjalan karena tidak ada jalan **untuk** kembali sekarang. Saat mereka melanjutkan pendakian, mereka mulai mendengar suara aneh. Kedengarannya seperti ada sesuatu yang datang ke arah mereka! Mereka semua **mulai** berlari, tetapi sudah terlambat. Lahar sudah mengalir ke arah mereka dan menelan mereka semua dalam hitungan detik. Ini adalah kisah tentang kelompok wisatawan terakhir yang pernah mengunjungi Gunung Berapi Krakatau. Jika Anda pernah pergi ke sana, pastikan untuk berhati-hati karena ini adalah tempat yang sangat berbahaya! Letusan **Gunung Berapi** Krakatau adalah salah satu bencana alam paling **dahsyat** dalam sejarah. Letusan itu menewaskan lebih dari 36.000 orang dan menghancurkan segala sesuatu yang dilaluinya. Aliran laharnya begitu kuat sehingga bahkan mencapai kota Jakarta di dekatnya!

Bencana ini membuat banyak orang **trauma**, dan masih banyak yang belum pulih dari bencana ini. Gunung berapi ini sekarang sudah tidak aktif, tetapi selalu ada risiko gunung berapi ini bisa meletus lagi. Jadi, jika Anda berada di dekatnya, pastikan untuk menjauh dari kawah! Sudah beberapa tahun sejak letusan terakhir **gunung berapi** Krakatau. Kota **Jakarta** masih berusaha untuk pulih dari kerusakan yang ditimbulkannya. Tapi hidup terus berjalan, dan orang-orang perlahan-lahan mulai melupakan apa yang telah terjadi.

stesse venendo verso di loro! **Iniziarono** tutti a correre, ma era troppo tardi. La lava stava già scorrendo verso di loro e li inghiottì tutti in pochi secondi. Questa è la storia dell'ultimo gruppo di turisti che ha visitato il vulcano Krakatoa. Se mai ci andrete, fate attenzione perché è un luogo molto pericoloso! L'eruzione del **vulcano** Krakatoa è stata uno dei disastri naturali più **devastanti** della storia. Uccise oltre 36.000 persone e distrusse tutto ciò che incontrava sul suo cammino. La colata lavica fu così potente che raggiunse persino la vicina città di Giacarta!

Questo **disastro ha** lasciato molte persone **traumatizzate** e molte non si sono ancora riprese. Il vulcano è ora inattivo, ma c'è sempre il rischio che possa eruttare di nuovo. Quindi, se vi trovate nelle vicinanze, assicuratevi di stare lontani dal cratere! Sono passati alcuni anni dall'ultima eruzione del **vulcano** Krakatoa. La città di **Giacarta** stava ancora cercando di riprendersi dai danni causati. Ma la vita va avanti e la gente cominciava lentamente a dimenticare quello che era successo.

Pertanyaan Pemahaman

1. Apa itu Gunung Berapi Krakatau?

2. Di manakah Gunung Berapi Krakatau berada?

3. Kapan terakhir kali Gunung Krakatau meletus?

4. Berapa banyak orang yang tewas ketika Gunung Krakatau terakhir meletus?

5. Apa yang dilihat oleh kelompok wisatawan saat mereka semakin dekat ke kawah?

6. Apa yang terjadi pada turis yang jatuh ke dalam kawah?

7. Suara apakah yang didengar oleh kelompok wisatawan saat mereka melanjutkan pendakian?

8. Apa yang terjadi pada kelompok wisatawan?

9. Apa kerusakan yang diakibatkan oleh letusan Gunung Krakatau?

10. Apa risiko Gunung Krakatau meletus lagi?

Domande di comprensione

1. Che cos'è il vulcano Krakatoa?

2. Dove si trova il vulcano Krakatoa?

3. Qual è l'ultima volta che il vulcano Krakatoa ha eruttato?

4. Quante persone sono state uccise durante l'ultima eruzione del vulcano Krakatoa?

5. Che cosa ha visto il gruppo di turisti quando si è avvicinato al cratere?

6. Cosa è successo al turista caduto nel cratere?

7. Qual è il rumore che il gruppo di turisti ha sentito mentre proseguiva l'escursione?

8. Cosa è successo al gruppo di turisti?

9. Quali furono i danni causati dall'eruzione del vulcano Krakatoa?

Pulau Jawa

Pulau Jawa adalah tempat yang tiada duanya. Ini adalah tanah misteri dan intrik, di mana masa lalu dan masa kini **bertabrakan**. Ada banyak kisah yang telah diceritakan tentang pulau ini, dan masing-masing kisah itu sama uniknya dengan pulau itu sendiri. Salah satu kisah tersebut berkisar pada seorang wanita **muda** bernama Sarah. Sarah lahir di pulau ini dan tumbuh besar dikelilingi oleh keindahannya. Dia selalu terpesona oleh sejarah tanah airnya, dan dia bermimpi suatu hari nanti **menemukan** rahasianya sendiri. **Kesempatan** Sarah datang ketika dia terpilih untuk menjadi bagian dari ekspedisi arkeologi ke pulau itu. Selama berbulan-bulan, dia bekerja tanpa lelah dengan timnya, menggali reruntuhan kuno dan mengungkap **artefak** yang sudah lama terlupakan.

Namun, ketika mereka mencapai jantung pulau, barulah mereka menemukan apa yang mereka cari: **bukti** peradaban yang hilang yang pernah berkembang di pantai Jawa **berabad-abad** yang lalu. Sarah dan timnya bukan satu-satunya yang **tertarik** dengan sejarah pulau ini. Pemerintah Jawa juga tertarik untuk mempelajari lebih lanjut tentang masa lalunya, dan mereka memiliki tim **arkeolog** sendiri yang bekerja di pulau itu. Namun, ada satu perbedaan di antara

Isola di Giava

L'isola di Giava è un luogo come nessun altro. È una terra di mistero e intrighi, dove il passato e il presente **si scontrano**. Sono molte le storie che sono state raccontate su quest'isola, e ognuna è unica come l'isola stessa. Una di queste storie **ruota** attorno a una **giovane** donna di nome Sarah. Sarah è nata sull'isola ed è cresciuta circondata dalla sua bellezza. È sempre stata affascinata dalla storia della sua terra e sognava di **scoprire** un giorno i suoi segreti. L'**opportunità** per Sarah è arrivata quando è stata scelta per far parte di una spedizione archeologica sull'isola. Per mesi ha lavorato instancabilmente con la sua squadra, scavando antiche rovine e scoprendo **manufatti** a lungo dimenticati.

Ma è stato solo quando hanno raggiunto il cuore dell'isola che hanno trovato quello che stavano cercando: le **prove** di una civiltà perduta che un tempo aveva prosperato sulle coste di Java **secoli** fa. Sarah e il suo team non erano gli unici **interessati** alla storia dell'isola. Anche il governo di Giava era desideroso di saperne di più sul suo passato e aveva un proprio team di **archeologi** che lavorava sull'isola. Tuttavia, c'era una differenza tra i due gruppi: mentre la squadra di Sarah cercava le prove di una civiltà perduta, quella

kedua kelompok: sementara tim Sarah mencari bukti peradaban yang hilang, tim **pemerintah** mencari sesuatu yang jauh lebih **berharga**: harta karun. Konon, ada banyak harta karun yang tersembunyi di Jawa, yang ditinggalkan oleh penduduk purbanya.

Dan siapa pun yang menemukannya akan menjadi sangat kaya. Perlombaan untuk menemukan **harta karun** Jawa sedang berlangsung, dan kedua tim **bertekad** untuk menjadi yang pertama menemukannya. Namun saat mereka mencari melalui reruntuhan pulau, mereka mulai menyadari bahwa mereka tidak sendirian. Ada orang lain yang juga mencari harta karun itu, dan yang tidak akan berhenti untuk mendapatkannya terlebih dahulu. Saat kedua tim berbenturan dalam pencarian harta karun itu, Sarah mulai mengumpulkan sejarah pulau itu. Dia **menemukan** bahwa peradaban yang hilang itu bukan hanya budaya **biasa**, tetapi sebuah kerajaan yang kuat yang pernah memerintah seluruh Jawa. Dan harta karunnya konon dikutuk, dilindungi oleh roh-roh jahat yang akan melakukan apa saja untuk menyembunyikannya. Dengan timnya yang diserang dan waktu yang semakin menipis, Sarah harus menemukan cara untuk menghentikan yang lain mengambil **harta karun** itu. Tapi dia segera menyadari bahwa ada lebih banyak yang dipertaruhkan daripada sekadar uang atau kemuliaan; jika dia tidak bertindak cepat, seluruh pulau bisa hancur.

del **governo** era alla ricerca di qualcosa di molto più **prezioso**: un tesoro. Si dice che a Giava ci siano molti tesori nascosti, lasciati dai suoi antichi abitanti.

E chi li troverà diventerà davvero molto ricco. La gara per trovare i **tesori** di Java è iniziata ed entrambe le squadre sono **determinate a** essere le prime a trovarli. Ma mentre cercano tra le rovine dell'isola, iniziano a rendersi conto di non essere soli. Ci sono altri che stanno cercando il tesoro e che non si fermeranno davanti a nulla pur di metterci le mani sopra per primi. Mentre le due squadre si scontrano nella ricerca del tesoro, Sarah inizia a ricostruire la storia dell'isola. **Scopre** che la civiltà perduta non era una cultura qualsiasi, ma un potente impero che un tempo regnava su tutta Giava. E si dice che i suoi tesori siano maledetti, protetti da spiriti maligni che farebbero di tutto per tenerli nascosti. Con la sua squadra sotto attacco e il tempo che sta per scadere, Sarah deve trovare un modo per impedire agli altri di prendere il **tesoro**. Ma presto si renderà conto che la posta in gioco non è solo il denaro o la gloria: se non agisce in fretta, l'intera isola potrebbe essere distrutta.

Pertanyaan Pemahaman

1. Tentang apa cerita itu?

2. Di manakah pulau Jawa?

3. Siapa Sarah?

4. Apakah kesempatan Sarah?

5. Apa yang mereka cari?

6. Apa perbedaan antara kedua kelompok?

7. Apa saja harta karun tersembunyi di Jawa?

8. Siapa yang tidak akan berhenti untuk mendapatkan harta karun itu?

9. Apa yang dipertaruhkan jika Sarah tidak bertindak cepat?

10. Apakah pertarungan terakhir?

Domande di comprensione

1. Di che cosa parla la storia?

2. Dove si trova l'isola di Giava?

3. Chi è Sarah?

4. Qual era l'opportunità di Sarah?

5. Cosa stavano cercando?

6. Qual è la differenza tra i due gruppi?

7. Quali sono i tesori nascosti di Java?

8. Chi non si fermerà davanti a nulla per mettere le mani sul tesoro?

9. Cosa c'è in gioco se Sarah non agisce rapidamente?

10. Qual è la resa dei conti finale?

matahari terbenam di Bali

Matahari perlahan-lahan mulai turun di bawah cakrawala, melukis langit dalam spektrum warna jingga, merah muda, dan ungu. Ombak menjilat-jilat di pantai, seolah-olah mencoba untuk melihat sekilas terakhir dari hari itu. Di pantai, orang-orang mengemasi barang-barang mereka, bersiap-siap untuk meninggalkan tempat **ajaib** ini. Tetapi bagi beberapa orang, seperti saya, ini hanyalah awal dari malam kami. Kami akan menyaksikan **matahari terbenam** dari atas tebing yang menghadap ke lautan, kemudian menuju ke salah satu dari banyak klub malam di Bali dan berdansa sampai subuh. Saat saya menyaksikan matahari menghilang ke laut, saya tidak bisa tidak merenungkan hidup saya. Rasanya baru **kemarin** saya lulus dari perguruan tinggi dan **memulai** perjalanan yang disebut "hidup" ini. Kadang-kadang sulit dipercaya bahwa saya sudah berusia pertengahan dua puluhan; waktu terasa berlalu dengan cepat dan lebih cepat setiap tahunnya.

Tetapi pada saat-saat seperti ini-ketika saya dikelilingi oleh keindahan alam-saya merasa bersyukur untuk setiap momen yang telah saya jalani. Udara malam terasa sangat menyenangkan saat kami berjalan

tramonto a Bali

Il sole cominciò lentamente a scendere sotto l'orizzonte, dipingendo il cielo in uno spettro di arancioni, rosa e viola. Le onde lambiscono la riva, come se cercassero di catturare un ultimo scorcio di giornata. Sulla spiaggia, la gente stava impacchettando le proprie cose, pronta a lasciare questo luogo **magico**. Ma per alcuni, come me, questo era solo l'inizio della serata. Avremmo guardato il **tramonto** dalla cima di una scogliera con vista sull'oceano, poi saremmo scesi in uno dei tanti locali notturni di Bali e avremmo ballato fino all'alba. Mentre guardavo il sole scomparire nel mare, non potevo fare a meno di riflettere sulla mia vita. Mi sembrava **ieri** che mi ero laureata e avevo **intrapreso** questo viaggio chiamato "vita". A volte era difficile credere che avessi già venticinque anni; il tempo sembrava volare sempre più veloce ogni anno che passava.

Ma in momenti come questi, quando ero circondata da bellezze naturali, mi sentivo grata per ogni istante in cui ero stata viva. L'aria notturna era elettrizzata dall'eccitazione mentre ci dirigevamo verso il Club Medusa. C'era la fila per tutto l'isolato, ma non ci importava: sapevamo che ne sarebbe valsa la pena una volta entrati. Appena varcate le porte, siamo stati

menuju Club Medusa. Ada antrean di sekitar blok, tetapi kami tidak keberatan - kami tahu itu akan sepadan begitu kami masuk ke dalam. Begitu kami berjalan melewati pintu-pintu itu, kami **dibawa** ke dunia lain: musik **yang berdentum-dentum**, lampu-lampu yang berkedip, dan tubuh-tubuh di mana pun Anda melihat. Klub ini penuh sesak, tetapi kami **berhasil** menemukan tempat di lantai dansa. Kami membiarkan musik mengambil alih tubuh kami, bergerak serempak mengikuti irama. Seringkali, **seseorang** akan menabrak kami atau menumpahkan minuman mereka, tetapi kami tidak peduli - kami terhanyut dalam momen tersebut. Jam-jam berlalu, dan sebelum kami menyadarinya, sudah waktunya untuk pergi. Kami berjalan kembali ke tebing untuk menyaksikan **matahari terbit**. Saat saya menyaksikan sinar pertama cahaya mengintip di cakrawala, saya merasakan kedamaian menyapu saya.

Pada **saat** itu, saya menyadari bahwa hidup ini terlalu singkat untuk mencemaskan hal-hal yang tidak penting. Kita hanya memiliki satu kesempatan dalam hal ini - mungkin juga membuatnya berarti! Saat kami menyaksikan matahari terbit, kami berbagi cerita tentang kehidupan kami dan apa yang **ingin kami** lakukan dengan waktu kami. Kami tertawa, menangis, dan membuat rencana untuk masa depan. Itu adalah momen yang saya tahu **tidak** akan **pernah** saya lupakan.

trasportati in un altro mondo: musica **martellante**, luci lampeggianti e corpi ovunque si guardasse. Il locale era pieno di gente, ma siamo **riusciti** a trovare un posto sulla pista da ballo. Abbiamo lasciato che la musica si impadronisse dei nostri corpi, muovendoci all'unisono con il ritmo. Ogni tanto **qualcuno** ci urtava o rovesciava il suo drink, ma non ci importava: eravamo persi nel momento. Le ore sono volate e prima che ce ne accorgessimo era ora di andare. Siamo tornati sulla scogliera per vedere l'**alba**. Mentre guardavo i primi raggi di luce fare capolino all'orizzonte, ho sentito un senso di pace avvolgermi.

In quel **momento** ho capito che la vita è troppo breve per preoccuparsi di cose che non contano. Abbiamo solo una possibilità: tanto vale farla fruttare! Mentre guardavamo il sole sorgere, ci siamo scambiati storie sulle nostre vite e su ciò che **volevamo** fare con il nostro tempo. Abbiamo riso, pianto e fatto progetti per il futuro. È stato un momento che sapevo **non** avrei **mai** dimenticato.

Pertanyaan Pemahaman

1. Apa yang direfleksikan oleh penulis pada awal teks?

2. Apa yang dilakukan penulis setelah menyaksikan matahari terbenam?

3. Apa pendapat penulis tentang waktu?

4. Seperti apa suasana di dalam Club Medusa?

5. Bagaimana perasaan penulis setelah menyaksikan matahari terbit?

6. Apa yang diingatkan oleh penulis kepada para pembaca?

7. Apa yang dipikirkan penulis tentang saat-saat yang dihabiskan di tebing?

8. Apa tujuan perjalanan penulis ke Bali?

9. Menurut Anda, apa yang akan dilakukan penulis selanjutnya setelah peristiwa-peristiwa dalam teks ini?

10. Apa yang akan Anda lakukan secara berbeda jika Anda berada di posisi penulis?

Domande di comprensione

1. Su cosa riflette l'autore all'inizio del testo?

2. Cosa fa l'autore dopo aver visto il tramonto?

3. Cosa pensa l'autore del tempo?

4. Qual è l'atmosfera del Club Medusa?

5. Come si sente l'autore dopo aver visto l'alba?

6. Qual è il richiamo dell'autore ai lettori?

7. Cosa pensa l'autore dei momenti trascorsi sulla scogliera?

8. Qual era lo scopo del viaggio dell'autore a Bali?

9. Cosa pensi che farà l'autore dopo gli eventi del testo?

10. Cosa avreste fatto di diverso se foste stati al posto dell'autore?

Pasar di Jakarta

Pasar di Jakarta selalu menjadi tempat yang **ramai.** Penuh dengan orang-orang dari semua lapisan masyarakat, menjual segala sesuatu mulai dari pakaian, makanan hingga pernak-pernik. Dan di tengah-tengah semua kekacauan ini, seorang wanita selalu berhasil menonjol. Namanya Astrid, dan dia menjual bunga. Tapi bukan sembarang **bunga-rangkaian** bunganya adalah karya seni. Bunga-bunga itu halus dan indah, dan selalu tampak mencerahkan alun-alun pasar. Astrid telah datang ke **pasar** selama bertahun-tahun, sejak ia masih kecil. Ibunya dulu juga menjual bunga, dan Astrid akan membantunya merangkai bunga. Dia menyukai aroma bunga segar dan cara bunga-bunga itu bisa membuat hari yang **paling suram** sekalipun tampak sedikit lebih cerah.

Suatu hari, ketika Astrid sedang **menyiapkan** kiosnya, dia melihat seorang pria berjalan dengan kepala tertunduk. Dia tampak seperti sudah melewati hari-hari yang lebih baik-pakaiannya compang-camping dan dia tampak seperti belum makan berhari-hari. Saat pria itu **berjalan** melewati kiosnya, Astrid tidak bisa menahan diri untuk tidak merasa tertarik padanya. Dia memanggilnya, dan ketika dia berbalik, dia **menawarkan** salah satu bunganya. Awalnya ia

Mercato a Giacarta

Il **mercato** di Giacarta era sempre un luogo **vivace**. Era pieno di persone di tutti i ceti sociali, che vendevano di tutto, dai vestiti al cibo ai ninnoli. E in mezzo a tutto questo caos, una donna riusciva sempre a distinguersi. Si chiamava Astrid e vendeva fiori. Ma non fiori qualsiasi: le sue **composizioni** erano opere d'arte. Erano delicate e bellissime e sembravano sempre illuminare la piazza del mercato. Astrid veniva al **mercato** da anni, fin da quando era bambina. Anche sua madre vendeva fiori e Astrid la aiutava con le composizioni. Amava il profumo dei fiori freschi e il modo in cui riuscivano a far sembrare un po' più luminosa anche la giornata **più cupa**.

Un giorno, mentre Astrid stava **allestendo la** sua bancarella, notò un uomo che camminava a testa bassa. Sembrava che avesse visto giorni migliori: i suoi vestiti erano a brandelli e sembrava che non mangiasse da giorni. Quando **passò** davanti alla sua bancarella, Astrid non poté fare a meno di sentirsi attratta da lui. Lo chiamò e, quando lui si voltò, gli **offrì** uno dei suoi fiori. Lui esitò all'inizio, ma poi allungò la mano e glielo prese. Mentre lo faceva, lei vide il minimo accenno di sorriso sul suo volto. Dopo quel giorno, l'uomo cominciò a tornare ogni giorno nella piazza del mercato. Passava

ragu-ragu, tapi kemudian ia mengulurkan tangan dan mengambilnya dari Astrid. Dan saat dia melakukannya, dia melihat sedikit senyuman di wajahnya. Setelah hari itu, pria itu mulai kembali ke alun-alun pasar setiap hari. Dia selalu berjalan melewati kios Astrid dan memberinya anggukan kecil **sebelum** melanjutkan perjalanan. Dan setiap kali dia melakukannya, Astrid merasa senang. Ia seperti menemukan seorang teman di tempat asing ini. Suatu hari, setelah pria itu datang menemuinya selama berminggu-minggu, Astrid **memutuskan** untuk menanyakan namanya.

Awalnya ia ragu-ragu, tetapi kemudian ia mengatakan bahwa itu adalah John. Setelah itu, mereka mulai berbicara lebih banyak lagi-tentang kehidupan mereka, keluarga mereka, dan impian mereka untuk masa depan. Akhirnya, John mulai membantu Astrid dengan **rangkaian** bunganya. Mereka bekerja **sama dengan** baik - John memiliki tangan yang mantap sementara Astrid memiliki bakat kreatif - dan tak lama kemudian mereka membuat beberapa rangkaian bunga yang paling indah di alun-alun pasar. Alun-alun pasar menjadi tempat pelipur lara bagi John. Itu adalah satu tempat di mana ia merasa seperti miliknya. Dan Astrid senang memiliki John di sana bersamanya. Suatu hari, John tidak datang ke alun-alun pasar. Astrid **menunggunya** sepanjang pagi, tetapi John tidak pernah muncul.

sempre davanti alla bancarella di Astrid e le faceva un piccolo cenno **prima di** proseguire. Ogni volta che lo faceva, Astrid non poteva fare a meno di sentirsi felice. Era come se avesse trovato un amico in questo strano posto. Un giorno, dopo che l'uomo era venuto a trovarla per settimane, Astrid **decise** di chiedergli il suo nome.

All'inizio esitò, ma poi le disse che era John. Da quel momento iniziarono a parlare sempre più spesso delle loro vite, delle loro famiglie e dei loro sogni per il futuro. Alla fine, John iniziò ad aiutare Astrid con le sue **composizioni** floreali. Lavoravano bene **insieme** - John aveva una mano ferma mentre Astrid aveva un talento creativo - e ben presto realizzarono alcune delle più belle composizioni della piazza del mercato. La piazza del mercato divenne un luogo di conforto per John. Era l'unico posto in cui sentiva di appartenere. E Astrid era felice di averlo lì con sé. Un giorno John non venne nella piazza del mercato. Astrid lo **aspettò** per tutta la mattina, ma non si presentò mai.

Pertanyaan Pemahaman

1. Siapa nama wanita yang menjual bunga?

2. Apa yang dijual oleh pasar yang penuh dengan orang banyak itu?

3. Mengapa orang itu terlihat murung?

4. Kapan Astrid mulai membuat rangkaian bunga?

5. Bagaimana perasaan Astrid ketika ia melihat pria itu berjalan di sekitar alun-alun pasar?

6. Mengapa pria itu mulai kembali ke alun-alun pasar?

7. Siapa nama orang itu?

8. Di tempat manakah Yohanes merasa bahwa ia adalah miliknya?

9. Mengapa Astrid patah hati ketika dia mengetahui bahwa pria itu akan pergi?

10. Apa yang Astrid harapkan dari pria itu ketika ia pergi?

Domande di comprensione

1. Come si chiamava la donna che vendeva fiori?

2. Cosa vendeva la piazza del mercato piena di gente?

3. Perché l'uomo aveva lo sguardo depresso?

4. Quando Astrid ha iniziato a fare composizioni floreali?

5. Come si è sentita Astrid quando ha visto l'uomo camminare nella piazza del mercato?

6. Perché l'uomo ha iniziato a tornare nella piazza del mercato?

7. Come si chiamava quell'uomo?

8. Qual era il luogo in cui John sentiva di appartenere?

9. Perché Astrid aveva il cuore spezzato quando ha scoperto che l'uomo se ne andava?

10. Che cosa augura Astrid all'uomo quando se ne va?

Gunung Bromo

Matahari telah menyengat **tanpa ampun** di desa pegunungan kecil itu selama berhari-hari. Panasnya begitu menyengat sehingga para penduduk desa terpaksa tidur di tempat teduh pada siang hari dan hanya keluar pada malam hari. Bahkan, mereka hanya keluar cukup lama untuk mengambil air dari sumur atau mengumpulkan makanan. **Semua orang gelisah**, menunggu hujan yang akan membawa kelegaan dari panas. Tetapi hujan tak kunjung datang. Setiap hari berlalu, emosi berkobar dan orang-orang mulai saling membentak satu sama lain karena hal-hal sepele. **Ketegangan** semakin memuncak ketika salah satu tetua desa mengalami kesurupan dan mulai **bergumam** tentang api dan kematian. Tidak ada yang bisa **memahami** apa yang dia coba katakan, tetapi kata-katanya membuat semua orang yang mendengarnya merinding. Kemudian, pada suatu malam, mereka mendengarnya: suara **gemuruh** yang dalam seperti guntur yang bergulung-gulung di langit, diikuti oleh pekikan yang menusuk telinga. Kedengarannya seperti berasal dari Gunung Bromo, gunung berapi aktif yang menjulang di atas desa mereka.

Mereka telah hidup dalam ketakutan akan letusannya selama bertahun-tahun, tetapi selalu tidak aktif ...

Monte Bromo

Il sole batteva **senza pietà** sul piccolo villaggio di montagna da giorni. Il caldo era così intenso che gli abitanti del villaggio avevano preso a dormire all'ombra durante il giorno e a uscire solo di notte. Anche in quel caso, si avventuravano solo per il tempo necessario a prendere l'acqua dal pozzo o a raccogliere cibo. **Tutti** erano in ansia, in attesa della pioggia che avrebbe portato sollievo dal caldo. Ma non arrivava mai. Ogni giorno che passava, gli animi si surriscaldavano e le persone cominciavano a scatenarsi l'una contro l'altra per cose banali. La **tensione** era alta quando uno degli anziani del villaggio entrò in uno stato di trance e cominciò a **mormorare** di fuoco e morte. Nessuno riusciva a **capire** cosa stesse cercando di dire, ma le sue parole facevano rabbrividire tutti quelli che le sentivano. Poi, una sera tardi, lo sentirono: un **rombo** profondo come un tuono che rotolava nel cielo, seguito da uno stridore acuto. Sembrava provenire dal Monte Bromo, un vulcano attivo che incombeva sul loro villaggio.

Per anni hanno vissuto nel timore di una sua eruzione, ma è sempre rimasta inattiva... fino ad ora. Al sorgere dell'alba, dal cratere del Monte Bromo **fuoriusciva** un denso fumo nero. Il terreno tremava mentre la lava

sampai sekarang. Saat fajar menyingsing, asap hitam tebal terlihat **mengepul** dari kawah Gunung Bromo. Tanah bergetar saat lahar mulai mengalir menuruni lerengnya menuju desa-desa. Orang-orang **berebut** untuk mengungsi, tetapi tidak ada cukup waktu. Banyak yang terjebak di jalur kehancuran, jeritan mereka tenggelam oleh deru gunung berapi. Mereka yang berhasil melarikan diri menyaksikan **tanpa daya** saat rumah dan mata pencaharian mereka ditelan oleh lava. Mereka tidak bisa berbuat apa-apa selain berdiri di sana dan menyaksikan segala sesuatu yang mereka sayangi **hancur** di depan mata mereka. Hanya dalam beberapa jam, semuanya berubah. Desa yang dulunya berkembang pesat itu terbaring di reruntuhan, **tertutup** abu tanpa ada tanda-tanda kehidupan yang **tertinggal**. Para penyintas perlahan-lahan mulai membangun kembali, tetapi itu adalah proses yang panjang dan sulit. Setiap hari mereka diingatkan tentang apa yang telah hilang akibat letusan. Beberapa hari terlalu berat untuk ditanggung, dan orang-orang hanya akan duduk dan menatap ruang kosong di mana rumah mereka pernah berdiri. Tetapi **pada akhirnya**, dengan waktu dan dukungan dari satu sama lain, mereka mulai sembuh.

iniziava a scorrere lungo le pendici verso i villaggi. Le persone si sono **affrettate a** evacuare, ma non c'era abbastanza tempo. Molti sono rimasti intrappolati nel percorso di distruzione, le loro urla sono state soffocate dal ruggito del vulcano. Coloro che sono riusciti a fuggire hanno assistito **impotenti** all'inghiottimento delle loro case e dei loro mezzi di sostentamento da parte della lava. Non potevano fare altro che stare a guardare mentre tutto ciò che avevano di più caro veniva **distrutto** davanti ai loro occhi. In poche ore, tutto è cambiato. Il villaggio, un tempo fiorente, giaceva in rovina, **coperto** di cenere e senza alcun segno di vita. I sopravvissuti iniziarono lentamente a ricostruire, ma fu un processo lungo e difficile. Ogni giorno si ricordavano di ciò che avevano perso durante l'eruzione. Alcuni giorni erano troppo difficili da sopportare e le persone si sedevano semplicemente a guardare lo spazio vuoto dove un tempo si trovavano le loro case. Ma **alla fine**, con il tempo e il sostegno reciproco, hanno iniziato a guarire.

Pertanyaan Pemahaman

1. Tentang apakah peringatan tetua desa itu?

2. Bagaimana perasaan desa tentang Gunung Bromo sebelum letusan?

3. Bagaimana letusan itu mengubah desa?

4. Bagaimana para korban selamat membangun kembali rumah mereka?

5. Untuk apa upacara tahunan ini?

6. Bagaimana perasaan desa tentang Gunung Bromo setelah letusan?

7. Apa yang diwakili oleh Gunung Bromo untuk desa ini sekarang?

8. Kisah-kisah apa yang diceritakan oleh para tetua kepada generasi muda?

9. Mengapa hidup itu berharga?

10. Apa yang akan terjadi di masa depan untuk desa ini?

Domande di comprensione

1. A cosa si riferiva l'avvertimento dell'anziano del villaggio?

2. Cosa pensava il villaggio del Monte Bromo prima dell'eruzione?

3. In che modo l'eruzione ha cambiato il villaggio?

4. Come hanno fatto i sopravvissuti a ricostruire le loro case?

5. A cosa serve la cerimonia annuale?

6. Cosa pensava il villaggio del Monte Bromo dopo l'eruzione?

7. Cosa rappresenta oggi il Monte Bromo per il villaggio?

8. Quali storie raccontano gli anziani ai giovani?

9. Perché la vita è preziosa?

10. Cosa riserva il futuro al villaggio?

Berperahu di Danau Toba

Matahari terbenam di atas Danau Toba, dan cahaya terakhir hari itu **menyinari** air, membuatnya tampak seperti selembar kaca. Permukaan air yang tenang hanya terpecah oleh riak sesekali dari ikan atau burung. Itu adalah pemandangan yang **indah**, dan yang selalu membuat saya merasa damai. Saya duduk di perahu saya, membiarkan goyangan lembut membuai saya ke dalam keadaan **relaksasi**. Saya telah seharian berada di danau, memancing dan menjelajahi banyak sudut dan celahnya. Saat malam mulai tiba, saya puas hanya duduk santai dan menikmati ketenangan di sekeliling saya. Tiba-tiba, terdengar suara percikan **keras** di dekatnya, diikuti dengan **percikan** dan teriakan panik.

Saya **tersentak** untuk memperhatikan dan melihat bahwa seseorang telah jatuh ke laut dari perahu mereka tidak terlalu jauh dari saya. Tanpa berpikir **lebih jauh**, saya segera mengarahkan perahu saya sendiri ke arah mereka dengan tergesa-gesa. Ketika saya mendekat, saya bisa melihat bahwa itu adalah seorang wanita muda yang jatuh ke dalam air. Dia berjuang untuk menjaga kepalanya tetap di atas air dan tampak ketakutan. Tanpa ragu-ragu, saya melompat ke danau

Navigazione nel lago Toba

Il sole stava tramontando sul lago Toba e l'ultima luce del giorno **brillava** sull'acqua, facendola sembrare una lastra di vetro. La superficie calma era interrotta solo dall'increspatura occasionale di un pesce o di un uccello. Era uno spettacolo **bellissimo,** che mi faceva sempre sentire in pace. Mi sedetti nella mia barca, lasciando che il dolce dondolio mi cullasse in uno stato di **rilassamento**. Ero stato tutto il giorno sul lago, a pescare e a esplorare i suoi numerosi angoli. Quando cominciò a calare la notte, mi accontentai di sedermi e di godermi la tranquillità dell'ambiente circostante. All'improvviso, si udì un **forte** tonfo nelle vicinanze, seguito da **schizzi** e grida frenetiche.

Mi accorsi che qualcuno era caduto in mare dalla sua barca poco distante da me. Senza pensarci **oltre**, diressi rapidamente la mia barca verso di loro. Avvicinandomi, vidi che si trattava di una giovane donna caduta in acqua. Lottava per tenere la testa fuori dall'acqua e sembrava terrorizzata. Senza esitare, mi buttai nel lago e nuotai verso di lei. Quando la raggiunsi, si aggrappò a me disperatamente, **ansimando**. La avvolsi con le braccia e **scalciai** forte

dan berenang ke arahnya. Ketika saya mencapainya, dia berpegangan pada saya dengan putus asa, **terengah-engah**. Saya melingkarkan lengan saya di sekelilingnya dan **menendang** kaki saya dengan keras untuk mendorong kami berdua kembali ke perahu saya. Rasanya seperti selamanya, tetapi akhirnya kami berhasil kembali dengan selamat. Wanita muda itu gemetar tak terkendali karena kedinginan dan syok atas apa yang telah terjadi. Saya membungkus selimut di sekelilingnya dan duduk bersamanya sampai dia cukup **tenang** untuk menceritakan apa yang telah terjadi.

Rupanya, dia sedang berada di danau sendirian di perahunya ketika dia menabrak sesuatu yang **tersembunyi** tepat di bawah permukaan **air**, yang menyebabkan dia jatuh **ke laut**. Dia beruntung bahwa saya berada di dekatnya dan dapat menolongnya. Jika dia berada di luar sana lebih lama lagi, dia bisa dengan mudah tenggelam. Seperti itu, dia kedinginan dan terguncang tetapi tidak terluka. Kami duduk di perahu saya sampai dia merasa cukup sehat untuk kembali ke perahunya sendiri, lalu kami berpisah. Saya tidak terlalu memikirkan insiden itu setelah itu, tetapi itu **mengingatkan** saya betapa berbahayanya Danau Toba jika Anda tidak berhati-hati. Danau Toba adalah tempat yang indah, tetapi selalu lebih baik untuk berhati-hati saat berperahu di perairannya.

le gambe per spingerci entrambi verso la mia barca. Sembrò un'eternità, ma alla fine riuscimmo a tornare sani e salvi. La giovane donna tremava in modo incontrollabile per il freddo e per lo shock di ciò che era accaduto. Le avvolsi una coperta e mi sedetti con lei finché non si **calmò** abbastanza da raccontarmi quello che era successo.

A quanto pare, era fuori dal lago da sola con la sua barca quando ha urtato qualcosa **nascosto** appena sotto la superficie dell'**acqua**, facendola cadere **in mare**. È stata fortunata che io fossi nelle vicinanze e abbia potuto aiutarla. Se fosse rimasta là fuori più a lungo, avrebbe potuto annegare facilmente. Era infreddolita e scossa, ma per il resto era illesa. Rimanemmo nella mia barca fino a quando non si sentì abbastanza bene da tornare alla sua, poi ce ne andammo per la nostra strada. Non ho più pensato molto all'incidente, ma mi ha **ricordato** quanto possa essere pericoloso il lago Toba se non si fa attenzione. È un posto bellissimo, ma è sempre meglio essere prudenti quando si naviga nelle sue acque.

Pertanyaan Pemahaman

1. Apa yang dirasakan sang tokoh utama tentang danau?

2. Apa yang dilakukan tokoh utama ketika melihat wanita itu berjuang di dalam air?

3. Bagaimana hubungan sang tokoh utama dengan sang wanita setelah kejadian itu?

4. Menurut Anda, apa motivasi sang protagonis untuk menolong wanita itu?

5. Menurut Anda, apa yang dipikirkan oleh sang tokoh utama ketika mereka melihat wanita itu bergumul di dalam air?

6. Menurut Anda, apa yang dirasakan sang tokoh utama setelah mereka menolong wanita itu kembali ke tempat yang aman?

7. Menurut Anda, apa yang dirasakan wanita itu setelah ia ditolong kembali ke tempat aman?

8. Menurut Anda, apa yang dipikirkan wanita itu ketika melihat sang tokoh utama datang ke arahnya?

Domande di comprensione

1. Cosa prova il protagonista nei confronti del lago?

2. Che cosa fa il protagonista quando vede la donna che si dibatte nell'acqua?

3. Qual è il rapporto del protagonista con la donna dopo l'incidente?

4. Qual è, secondo voi, la motivazione che spinge il protagonista ad aiutare la donna?

5. Cosa pensate che abbia pensato il protagonista quando ha visto la donna dibattersi nell'acqua?

6. Cosa pensate che abbia provato il protagonista dopo aver aiutato la donna a mettersi in salvo?

7. Cosa pensate che abbia provato la donna dopo essere stata aiutata a mettersi in salvo?

8. Cosa pensate che abbia pensato la donna quando ha visto il protagonista venire verso di lei?

Mengunjungi Ubud

Matahari baru saja mulai mengintip dari cakrawala saat saya berjalan menyusuri jalan setapak menuju Ubud. Saya bisa mendengar kicauan burung dan dedaunan yang **berdesir** tertiup angin sepoi-sepoi. Hari itu akan menjadi hari yang indah. Saya telah merencanakan perjalanan saya ke Ubud selama berbulan-bulan, dan sekarang saya akhirnya berada di sini, saya tidak sabar untuk menjelajahi semua yang ditawarkan tempat **ajaib** ini. Dari sawah **yang menakjubkan** dan pemandangan hutan yang rimbun, hingga budayanya yang semarak dan orang-orangnya yang ramah, ada begitu banyak hal yang bisa ditemukan. Saat saya berjalan ke kota, saya merasa seperti dibawa ke dunia lain.

Jalanan dipenuhi dengan toko-toko berwarna-warni yang menjual seni dan kerajinan tradisional Bali. Udara dipenuhi dengan aroma dupa dan **bunga**. Kemanapun saya melihat, ada wajah-wajah tersenyum yang ingin menyambut saya di kota asal mereka. Saya menghabiskan beberapa hari berikutnya menjelajahi semua yang ditawarkan Ubud. Saya mengunjungi Monkey Forest, di mana saya bisa melihat dari dekat beberapa **monyet yang** tinggal di sana. Saya berjalan melewati sawah dan mengagumi keindahannya. Dan saya bahkan mengikuti kelas memasak, di mana

Visitare Ubud

Il sole stava appena iniziando a fare capolino all'orizzonte mentre mi incamminavo lungo il sentiero verso Ubud. Sentivo gli uccelli cinguettare e le foglie **frusciare** nella leggera brezza. Sarebbe stata una giornata bellissima. Erano mesi che pianificavo il mio viaggio a Ubud e ora che ero finalmente qui, non vedevo l'ora di esplorare tutto ciò che questo luogo **magico** aveva da offrire. Dalle **splendide** terrazze di riso e dai lussureggianti paesaggi della giungla, alla cultura vivace e alla cordialità della gente, c'era così tanto da scoprire. Quando sono entrata in città, mi è sembrato di essere stata trasportata in un altro mondo.

Le strade erano fiancheggiate da negozi colorati che vendevano arti e mestieri tradizionali balinesi. Nell'aria si respirava l'odore dell'incenso e dei **fiori**. Ovunque guardassi, c'erano volti sorridenti desiderosi di darmi il benvenuto nella loro città natale. Ho trascorso i giorni successivi esplorando tutto ciò che Ubud aveva da offrire. Ho visitato la Foresta delle Scimmie, dove ho avuto modo di conoscere da vicino alcune delle **scimmie** residenti. Ho camminato tra le terrazze di riso e mi sono meravigliata della loro bellezza. Ho anche seguito un corso di cucina, dove ho imparato a preparare piatti tradizionali balinesi come il nasi goreng

saya belajar cara membuat hidangan tradisional Bali seperti nasi goreng dan sate ayam. **Kemanapun** saya pergi, saya disambut dengan kehangatan dan **keramahan**. Masyarakat Ubud membuat saya merasa seperti di rumah sendiri, dan pada akhir perjalanan saya, saya tahu bahwa ini adalah tempat yang akan **selalu** memiliki tempat khusus di hati saya. Saat saya mengemasi tas saya untuk kembali ke rumah, saya tidak bisa menahan perasaan sedikit sedih.

Saya telah jatuh cinta dengan Ubud dan tidak ingin pergi. Tetapi saya tahu bahwa ini hanyalah **awal** dari perjalanan saya dan masih banyak lagi **petualangan yang** menunggu saya di luar sana. Saya melihat terakhir kali ke **sawah-sawah** saat matahari terbenam di belakangnya dan tersenyum. Saya tahu bahwa saya akan segera kembali. Saya sangat bersemangat untuk kembali ke Ubud! Saya telah memimpikannya sejak saya pergi. Segera setelah saya tiba, saya langsung menuju ke sawah. Sawah-sawah ini bahkan lebih indah dari yang saya **ingat**. Matahari baru saja mulai terbenam, dan langit berwarna merah tua. Saya duduk dan menyaksikan cahaya perlahan-lahan memudar, **meninggalkan** selimut bintang. Saya merasa sangat beruntung bisa mengalami tempat yang menakjubkan ini lagi.

e il pollo satay. **Ovunque** andassi, venivo accolta con calore e **ospitalità**. Gli abitanti di Ubud mi hanno fatto sentire a casa e, alla fine del mio viaggio, sapevo che questo era un luogo che avrebbe **sempre avuto** un posto speciale nel mio cuore. Quando ho fatto le valigie per tornare a casa, non ho potuto fare a meno di sentirmi un po' triste.

Mi ero innamorata di Ubud e non volevo più andarmene. Ma sapevo che questo era solo l'**inizio** del mio viaggio e che c'erano molte altre **avventure** che mi aspettavano là fuori. Ho dato un'ultima occhiata alle **terrazze di** riso mentre il sole tramontava dietro di loro e ho sorriso. Sapevo che sarei tornata presto. Ero così entusiasta di tornare a Ubud! L'avevo sognato fin dalla partenza. Appena arrivata, sono andata subito alle terrazze di riso. Erano ancora più belle di quanto **ricordassi**. Il sole stava per tramontare e il cielo era di un rosso intenso. Mi sono seduta e ho guardato la luce che si spegneva lentamente, lasciando **dietro di sé** una coltre di stelle. Mi sono sentita così fortunata a poter vivere di nuovo questo luogo straordinario.

Pertanyaan Pemahaman

1. Apa reaksi awal penulis saat tiba di Ubud?

2. Mengapa penulis bersemangat untuk kembali ke Ubud?

3. Apa yang dilakukan penulis ketika mereka pertama kali tiba kembali di Ubud?

4. Apa kesan penulis tentang sawah?

5. Apa kesan penulis tentang masyarakat Ubud?

6. Apa yang dilakukan penulis di Monkey Forest?

7. Apa yang dipelajari penulis dalam kelas memasak mereka?

8. Bagaimana perasaan penulis di akhir perjalanan mereka?

9. Apa reaksi penulis terhadap langit saat matahari terbenam?

Domande di comprensione

1. Qual è stata la reazione iniziale dell'autore al suo arrivo a Ubud?

2. Perché l'autore era entusiasta di tornare a Ubud?

3. Che cosa fa l'autore al suo arrivo a Ubud?

4. Qual è l'impressione dell'autore sulle terrazze di riso?

5. Qual è l'impressione dell'autore sugli abitanti di Ubud?

6. Cosa fa l'autore nella Foresta delle Scimmie?

7. Cosa impara a fare l'autore durante il corso di cucina?

8. Come si sente l'autore alla fine del viaggio?

9. Qual è la reazione dell'autore al cielo al tramonto?

Di pantai

Setelah matahari terbit, ombak lebih keras dan pasir di atas air pasang berwarna putih. Saya berjalan ke pantai, **mengagumi** laut dan matahari. Jari-jari kaki saya merasakan lekukan kerang. Pasirnya dingin di jari-jari kaki saya. Saya tersenyum dan terus berjalan. Air laut sedang pasang, jadi saya harus berhati-hati agar tidak terseret. Saya berjalan di sepanjang tepi air, mengagumi laut. Matahari terbit sangat **indah**, dan ombak yang menerjang. Saya merasa sangat damai. Saya sampai di suatu tempat di mana ada singkapan batu karang. Saya duduk dan menyaksikan ombak. Airnya begitu biru dan langitnya begitu **jingga**. Saya merasa seperti berada dalam mimpi. Saya memejamkan mata dan hanya mendengarkan ombak. Saya duduk di sana untuk waktu yang lama, sampai saya mendengar seseorang memanggil nama saya.

Saya membuka mata dan melihat ibu saya berjalan ke arah saya. Wajahnya terlihat khawatir. Saya tersenyum dan melambaikan tangan, dan dia pun **santai**. "Aku bertanya-tanya ke mana kamu pergi," katanya. "Saya senang kamu menikmati pantai." Saya menjawab, "Ya." "Di sini sangat indah." "Aku tahu," katanya. "Aku sering datang ke sini ketika aku masih seusiamu." "Benarkah?" Saya bertanya. "Ya," jawabnya. "Ini tempat

In spiaggia

Dopo l'alba, le onde sono più forti e la sabbia sopra la marea è bianca. Cammino verso la spiaggia, **ammirando** il mare e il sole. Le mie dita dei piedi sentono i solchi delle conchiglie. La sabbia è fredda sulle dita dei piedi. Sorrido e continuo a camminare. La marea è alta, quindi devo fare attenzione a non farmi trascinare. Cammino lungo la riva, ammirando il mare. L'alba è **bellissima** e le onde si infrangono. Mi sento così in pace. Arrivo a un punto in cui c'è una roccia affiorante. Mi siedo e guardo le onde. L'acqua è così blu e il cielo è così **arancione**. Mi sembra di essere in un sogno. Chiudo gli occhi e ascolto le onde. Rimasi seduto lì per molto tempo, finché non sentii qualcuno che chiamava il mio nome.

Apro gli occhi e vedo mia madre che viene verso di me. Ha un'espressione preoccupata. Le sorrido e la saluto, e lei **si rilassa**. "Mi chiedevo dove fossi andata", dice. "Sono contenta che ti stia godendo la spiaggia". Io rispondo: "Lo sto facendo". "È così bello qui". "Lo so", dice. "Venivo sempre qui quando avevo la tua età". "Davvero?" Chiedo. "Sì", risponde. "È un posto speciale". "Hai mai incontrato qualcuno di speciale qui?". Le chiedo. "Sì", risponde sorridendo. "Tuo padre". "Davvero?" Dico, **sorpreso**. "Sì", dice

yang istimewa." "Apakah kamu pernah bertemu dengan seseorang yang istimewa di sini?" Saya bertanya. "Pernah," jawabnya sambil tersenyum. "Ayahmu." "Benarkah?" Saya berkata, **terkejut**. "Ya," katanya. "Kami sering datang ke sini bersama-sama. Di sinilah kami jatuh cinta. " Saya tersenyum, **membayangkan** orang tua saya jatuh cinta di pantai yang indah ini. "Ini adalah tempat yang istimewa," dia mengulangi. "Saya senang Anda datang ke sini hari ini."

Kami duduk di sana beberapa saat lebih lama, **menyaksikan** ombak dan matahari terbenam. Kemudian kami bangun dan berjalan kembali ke handuk pantai kami. Saya berbaring dan melihat bintang-bintang. Saya merasa sangat bahagia dan puas. Ombak sekarang lebih keras, dan pasirnya dingin. Matahari terbenam dan angin sejuk bertiup. Ombak menerjang pantai, dan bau garam tercium di udara. Ini adalah malam yang sempurna untuk berada di pantai. Saya berjalan di sepanjang pantai, **mendengarkan** suara ombak dan menyaksikan matahari terbenam. Saya melihat sekelompok orang duduk di atas pasir, tertawa dan bercanda. Mereka terlihat seperti sedang bersenang-senang. Saya berjalan ke arah mereka dan bertanya apakah saya bisa bergabung dengan mereka. Mereka mengiyakan, dan kami menghabiskan sisa malam itu dengan mengobrol, tertawa, dan menyaksikan **matahari terbenam**. Ini adalah malam yang sempurna.

lei. “Venivamo sempre qui insieme. È qui che ci siamo innamorati. “Sorrido, **immaginando i** miei genitori che si innamorano su questa bellissima spiaggia. “È un posto speciale”, ripete. “Sono felice che siate venuti qui oggi”.

Rimaniamo seduti ancora per un po’ a **guardare** le onde e il tramonto. Poi ci alziamo e torniamo ai nostri teli da mare. Mi sdraio e guardo le stelle. Mi sento così felice e soddisfatta. Le onde ora sono più forti e la sabbia è fredda. Il sole sta tramontando e soffia una brezza fresca. Le onde si infrangono sulla riva e nell’aria si sente l’odore del sale. È una serata perfetta per stare in spiaggia. Cammino lungo la riva, **ascoltando** il suono delle onde e guardando il tramonto. Vedo un gruppo di persone sedute sulla sabbia che ridono e scherzano. Sembra che si stiano divertendo molto. Mi avvicino a loro e chiedo se posso unirmi a loro. Mi rispondono di sì e passiamo il resto della serata a parlare, ridere e guardare il **tramonto**. È una serata perfetta.

Pertanyaan Pemahaman

1. Ke manakah narator pergi setelah dia bangun?

2. Apa yang dikagumi oleh sang narator saat ia berjalan di sepanjang pantai?

3. Apa yang harus diwaspadai oleh narator saat ia berjalan di sepanjang pantai?

4. Di manakah narator duduk untuk menikmati pemandangan?

5. Berapa lama narator duduk di sana?

6. Siapakah yang dilihat narator ketika ia membuka matanya kembali?

7. Apa yang dikatakan oleh ibu narator?

8. Apa yang dibicarakan oleh narator dan orang-orang yang ditemuinya?

Domande di comprensione

1. Dove va la narratrice dopo essersi svegliata?

2. Che cosa ammira la narratrice mentre cammina lungo la spiaggia?

3. A che cosa deve fare attenzione la narratrice mentre cammina lungo la spiaggia?

4. Dove si siede il narratore per godersi il panorama?

5. Per quanto tempo il narratore rimane seduto lì?

6. Chi vede la narratrice quando riapre gli occhi?

7. Cosa dice la madre del narratore?

8. Di che cosa parlano il narratore e le persone che incontra?

Berkemah di Danau

Saya berjalan menuju danau, **mengagumi** kedamaian pemandangan. Matahari menyinari danau kecil itu, membuat airnya terlihat seperti selembar kaca. Satu-satunya gerakan adalah riak sesekali dari ikan yang **memecah** permukaan. Bahkan burung-burung pun tampak beristirahat sejenak dari panasnya cuaca, dengan hanya suara jangkrik yang mengisi udara. **Tiba-tiba**, kedamaian itu dipecahkan oleh percikan keras. Seekor **ikan** besar melompat keluar dari air, mencoba menangkap seekor capung. Ikan itu meleset dari sasarannya dan jatuh kembali ke dalam air dengan percikan. "Wow," pikir saya dalam hati, "itu ikan yang besar!". Saya melihat sekeliling untuk melihat apakah ada orang lain yang melihatnya, tetapi tidak ada seorang pun di sekitar saya. Saya kira saya harus memberitahu mereka ketika saya kembali ke perkemahan.

Panasnya **menindas**, membuat Anda sulit bernapas. Udaranya tebal dan berat, seperti selimut yang membungkus Anda. Satu-satunya kelegaan ada di dalam air. Sejuk dan menyegarkan, seperti minuman dingin di hari yang panas. Saya menarik napas dalam-dalam dan menyelam ke dalam air. Rasa lega langsung terasa saat air dingin mengelilingi saya. Saya

Campeggio al lago

Cammino verso il lago, **ammirando** la tranquillità della scena. Il sole batte sul piccolo lago, facendo sembrare l'acqua una lastra di vetro. L'unico movimento è l'increspatura occasionale di un pesce **che rompe** la superficie. Anche gli uccelli sembrano prendersi una pausa dal caldo, con il solo suono delle cicale che riempie l'aria. **All'improvviso**, la pace è rotta da un forte tonfo. Un grosso **pesce** è saltato fuori dall'acqua, cercando di catturare una libellula. Il pesce manca il bersaglio e ricade in acqua con un tonfo. "Wow", penso tra me e me, "quello era un pesce grosso!". Mi guardai intorno per vedere se qualcun altro l'avesse visto, ma non c'era nessuno. Immagino che dovrò raccontarlo quando tornerò al campo.

Il caldo è **opprimente** e rende difficile respirare. L'aria è densa e pesante, come una coperta che ti avvolge. L'unico sollievo è l'acqua. È fresca e rinfrescante, come una bibita fresca in una giornata calda. Faccio un respiro profondo e mi immergo nell'acqua. Il sollievo è immediato quando l'acqua fresca mi circonda. Nuoto fino al fondo e poi risalgo in superficie, sentendo l'acqua rinfrescare il mio corpo. Continuo a **nuotare** a vasche, godendomi la tregua dal caldo. Dopo un po' esco dall'acqua e mi sdraio sull'erba, lasciando

berenang turun ke dasar dan kemudian kembali ke permukaan, merasakan air mendinginkan tubuh saya. Saya terus **berenang** berputar-putar, menikmati jeda dari panas. Setelah beberapa saat, saya keluar dari air dan berbaring di atas rumput, membiarkan matahari mengeringkan tubuh saya. Saya memejamkan mata dan tertidur, suara **jangkrik** menidurkan saya. Saya membiarkan matahari memanggang air dari kulit saya. Saya bisa merasakan kulit saya menjadi merah, tetapi saya tidak peduli. Hal berikutnya yang saya tahu, matahari terbenam. Langit berwarna oranye yang indah, dengan garis-garis merah muda dan ungu. Panasnya hilang, digantikan oleh **angin** sejuk.

Saya bangun dan mengenakan pakaian saya kembali, merasa segar dan segar kembali. Saya **menghirup** dalam-dalam udara sejuk dan tersenyum. Rasanya menyenangkan bisa hidup. Saya berjalan kembali ke perkemahan, mengagumi cara warna-warna menari di langit. Saya bisa melihat api unggun menyala di kejauhan, dan saya bisa mencium bau asap di udara. Saya tersenyum dan **mempercepat** langkah saya. Saya siap untuk bersantai dan menikmati sisa malam saya. Saya berjalan ke perkemahan dan melihat semua orang berkumpul di sekitar api unggun. Mereka **tertawa** dan bercanda, dan saya bisa melihat api memantul di mata mereka. Saya tersenyum dan duduk di samping teman-teman saya. Senang rasanya bisa kembali.

che il sole asciughi il mio corpo. Chiudo gli occhi e mi addormento, mentre il suono delle **cicale** mi culla in un sonno profondo. Lascio che il sole scrosti l'acqua dalla mia pelle. Sento la pelle arrossarsi, ma non mi importa. Sono troppo accaldato per preoccuparmene. Il cielo è di un bellissimo arancione, con striature di rosa e viola. Il caldo è scomparso, sostituito da una fresca **brezza**.

Mi alzo e mi rivesto, sentendomi rinfrescata e ringiovanita. **Respiro** profondamente l'aria fresca e sorrido. È bello essere vivi. Torno al campeggio, ammirando il modo in cui i colori danzano nel cielo. Vedo il fuoco che arde in lontananza e sento l'odore del fumo nell'aria. Sorrido e **accelero il** passo. Sono pronto a rilassarmi e a godermi il resto della serata. Entro nel campeggio e vedo che tutti sono riuniti intorno al fuoco. **Ridono** e scherzano e posso vedere il fuoco riflesso nei loro occhi. Sorrido e mi siedo accanto ai miei amici. È bello essere tornati.

Pertanyaan Pemahaman

1. Ke mana pejalan kaki akan pergi?

2. Cuaca seperti apa itu?

3. Seperti apa bentuk airnya?

4. Bagaimana reaksi pejalan kaki terhadap panas?

5. Apa yang dilakukan ikan?

6. Mengapa pejalan kaki sendirian?

7. Bagaimana rasanya airnya?

8. Bagaimana perasaan pejalan kaki setelah berenang?

9. Jam berapa saat pejalan kaki terbangun?

10. Ke mana pejalan kaki pergi ketika ia meninggalkan perkemahan?

Domande di comprensione

1. Dove sta andando il camminatore?

2. Che tempo fa?

3. Che aspetto ha l'acqua?

4. Come reagisce il deambulatore al calore?

5. Cosa sta facendo il pesce?

6. Perché il camminatore è solo?

7. Come si sente l'acqua?

8. Come si sente il camminatore dopo il nuoto?

9. A che ora del giorno si sveglia il deambulatore?

10. Dove va l'ambulante quando lascia il campo?

Rumah

Saya pindah ke rumah baru saya minggu lalu, dan saya sangat **gembira**! Rumah ini jauh lebih besar daripada rumah lama saya, dan memiliki halaman belakang yang luas. Saya tidak sabar untuk mengundang teman-teman untuk BBQ dan pesta. Bagian **favorit** saya adalah kamar tidur baru saya. Kamar tidur baru saya begitu besar dan terang, dan saya memiliki banyak ruang untuk meletakkan semua barang saya. Saya sangat senang dengan rumah baru saya dan saya pikir saya akan sangat bahagia di sini. Saya memutuskan untuk menjelajahi rumah ini sedikit lagi. Saya naik ke lantai dua dan mulai berjalan ke dapur ketika saya melihat seekor laba-laba hitam besar di dinding! Saya berteriak dan berlari ke bawah. Saya sangat **ketakutan**! Tetapi setelah beberapa menit, saya menjadi tenang dan memutuskan untuk kembali ke atas. Perlahan-lahan saya berjalan ke dapur dan melihat laba-laba itu sudah tidak ada. Saya sangat lega! Saya kembali ke bawah dan memutuskan untuk pergi keluar untuk menjelajahi **halaman belakang**. Laba-laba itu sangat besar! Saya tidak bisa mempercayainya. Saya melihat sebuah ayunan di sudut dan sebuah perosotan. Saya juga melihat jaring basket dan **trampolin**. Saya sangat senang!

La casa

La settimana scorsa mi sono trasferita nella mia nuova casa e sono così **entusiasta**! È molto più grande di quella vecchia e ha un grande cortile. Non vedo l'ora di invitare gli amici per grigliate e feste. La mia parte **preferita** è la mia nuova camera da letto. È così grande e luminosa e ho molto spazio per mettere tutte le mie cose. Sono molto contenta della mia nuova casa e penso che sarò molto felice qui. Ho deciso di esplorare ancora un po' la casa. Sono salita al secondo piano e ho iniziato a dirigermi verso la cucina quando ho visto un grosso ragno nero sul muro! Ho urlato e sono corsa di sotto. Ero così **spaventata**! Ma dopo qualche minuto mi sono calmata e ho deciso di tornare di sopra. Mi sono avvicinata lentamente alla cucina e ho visto che il ragno non c'era più. Ero così sollevata! Tornai al piano di sotto e decisi di uscire per esplorare il **giardino**. Era così grande! Non potevo crederci. Vidi un'altalena in un angolo e uno scivolo. Vidi anche una rete da basket e un **trampolino**. Ero così eccitato!

Non vedo l'ora di usare tutto questo nuovo materiale. I **vicini sono** venuti e si sono presentati. Sembravano molto gentili e abbiamo parlato per un po'. Mi hanno invitato al loro barbecue il prossimo fine settimana e ho detto che mi sarebbe piaciuto venire. La prima

Saya tidak sabar untuk menggunakan semua barang baru ini. Para **tetangga** datang dan memperkenalkan diri. Mereka tampak sangat baik, dan kami berbincang-bincang sebentar. Mereka mengundang saya ke acara BBQ mereka akhir pekan depan, dan saya bilang saya akan senang untuk datang. Saya menjalani minggu pertama yang luar biasa di rumah baru saya, dan saya sangat bersemangat dengan semua petualangan baru yang akan datang. Hari ini, saya akan pergi menjelajah di halaman belakang lagi dan melihat apa lagi yang bisa saya temukan. Siapa tahu, mungkin saya bahkan akan menemukan **harta karun**. Saya tidak sabar untuk melihat apa yang akan terjadi minggu depan! Minggu berikutnya, saya pergi menjelajah di halaman belakang lagi, dan saya menemukan sebuah taman **rahasia.** Taman itu sangat indah! Ada bunga-bunga di mana-mana dan kolam kecil dengan ikan di dalamnya. Saya juga melihat sebuah ayunan yang belum pernah saya lihat sebelumnya. Saya sangat senang menemukan taman rahasia ini, dan saya tidak sabar untuk menjelajahinya lebih jauh. Taman ini sangat **indah**!

settimana nella mia nuova casa è stata fantastica e sono entusiasta di tutte le nuove avventure che mi aspettano. Oggi andrò di nuovo a esplorare il cortile per vedere cos'altro riesco a trovare. Chissà, forse troverò anche un **tesoro**. Non vedo l'ora di vedere cosa mi porterà la prossima settimana! La settimana successiva sono andata di nuovo in esplorazione nel cortile e ho trovato un giardino **segreto**. Era così bello! C'erano fiori dappertutto e un laghetto con i pesci. Ho visto anche un'altalena che non avevo mai visto prima. Ero così entusiasta di aver trovato questo giardino segreto e non vedo l'ora di esplorarlo ancora. Era così **bello**!

Pertanyaan Pemahaman

1. Di mana orang tersebut tinggal?

2. Bagaimana orang tersebut menyukainya di rumah baru?

3. Apa bagian favorit orang tersebut dari rumah baru?

4. Apa yang ditemukan orang itu di kebun?

5. Siapa saja tetangganya?

6. Bagaimana perasaan hari-hari pertama orang tersebut di rumah baru?

7. Apa bagian favorit orang tersebut dari ruangan baru?

8. Apa yang akan dilakukan orang tersebut besok?

9. Apa bagian terbaik dari minggu pertama orang tersebut di rumah baru?

Domande di comprensione

1. Dove vive la persona?

2. Come si trova la persona nella nuova casa?

3. Qual è la parte preferita della nuova casa?

4. Che cosa ha trovato la persona nel giardino?

5. Chi sono i vicini?

6. Come sono stati i primi giorni nella nuova casa?

7. Qual è la parte preferita della nuova stanza?

8. Che cosa ha intenzione di fare domani?

9. Qual è stata la parte migliore della prima settimana nella nuova casa?

Di kereta api

Saya berlari ke stasiun kereta api, tetapi saya terlambat. Kereta sudah berangkat tanpa saya. Saya merasa sangat **marah** dan **kecewa** dengan diri saya sendiri. Saya berencana naik kereta untuk mengunjungi kakek-nenek saya yang tinggal di pedesaan, tetapi sekarang saya harus menunggu satu jam penuh untuk kereta berikutnya. Sebagai gantinya, saya memutuskan untuk berjalan-jalan di sekitar kota dan mencoba melupakan kesempatan yang terlewatkan. Sambil berjalan, saya mulai **melamun** tentang semua tempat yang bisa dibawa oleh **kereta api.** Tiba-tiba, saya tidak begitu kesal lagi. Saya kembali ke stasiun dan tidak bisa tidak memperhatikan lokomotif besar berwarna merah, putih, dan biru yang melaju ke arah saya. Baru setelah saya melihat **kondektur** melambaikan tangan ke arah saya dari jendela, saya menyadari bahwa kereta api ini adalah untuk saya. Saya menaiki kereta dan menemukan tempat duduk saya, duduk di tempat yang menjanjikan perjalanan yang panjang.

Saat kami keluar dari stasiun, saya tidak bisa tidak bertanya-tanya ke mana kereta ini akan membawa saya. Melewati **ladang** hijau dan sungai-sungai biru, melewati gunung-gunung dan lembah-lembah juga, tidak ada yang tahu ke mana kereta tua ini akan pergi.

Sul treno

Corsi alla stazione ferroviaria, ma ero troppo in ritardo. Il treno era già partito senza di me. Mi sentivo così **arrabbiata** e **delusa** con me stessa. Avevo intenzione di prendere il treno per andare a trovare i miei nonni che vivono in campagna, ma ora avrei dovuto aspettare un'ora intera per il treno successivo. Decisi invece di passeggiare un po' per la città, cercando di dimenticare l'occasione persa. Mentre camminavo, ho iniziato a **sognare a occhi aperti** tutti i luoghi in cui il **treno** può portarti. Improvvisamente, non ero più così arrabbiata. Rientro in stazione e non posso fare a meno di notare la grande locomotiva rossa, bianca e blu che si dirige verso di me. Solo quando vedo il **capotreno che** mi saluta dal finestrino capisco che quel treno è per me. Salgo sul treno e trovo il mio posto, sistemandomi per quello che si preannuncia un lungo viaggio.

Mentre usciamo dalla stazione, non posso fare a meno di chiedermi dove mi porterà questo treno. Attraverso **campi** verdi e fiumi blu, passando per montagne e valli, non si sa dove andrà questo vecchio treno. Quando inizia a calare la notte, mi addormento in un sonno **tranquillo**, cullato dal movimento **ritmico** dei vagoni sui binari sottostanti. Quando arriva il mattino, apro gli occhi e scopro che siamo arrivati in una piccola città

Saat malam mulai tiba, saya tertidur dengan **nyenyak**, terbuai oleh gerakan **ritmis** gerbong di rel di bawah. Ketika pagi datang lagi, saya membuka mata untuk menemukan bahwa kami telah tiba di sebuah kota kecil di suatu tempat di antah berantah. Matahari baru saja mengintip dari cakrawala saat penduduk setempat mulai berseliweran di Main Street; terlihat seperti hari-hari lainnya di sini kecuali satu hal-ada tanda besar yang dipasang di dekat Balai Kota yang bertuliskan "Selamat datang di kapal!" Tampaknya kota kecil ini telah menanti-nanti kami, meskipun kami hanya kereta **penumpang** biasa yang lewat dalam perjalanan kami ke tempat lain. Saat kami meninggalkan kota di belakang kami sekali lagi, menumpang kereta api menuju tempat yang entah di mana selanjutnya, saya tersenyum melihat semua wajah ramah melambaikan tangan selamat tinggal dari rumah-rumah kecil yang terletak di antara **lahan** pertanian-sungguh menakjubkan bagaimana sesuatu yang tampaknya biasa-biasa saja dapat membawa begitu banyak kegembiraan hanya dengan melewatinya. Dan kemudian, tentu saja, ada **anak-anak**.

nel bel mezzo del nulla. Il sole fa appena capolino all'orizzonte, mentre la gente del posto inizia a girare per la Main Street; sembra un giorno come un altro, tranne che per una cosa: c'è un grande cartello affisso vicino al municipio che recita "Benvenuti a bordo!". Sembra che questa piccola città ci stesse aspettando, anche se siamo solo un normale treno **passeggeri** di passaggio sulla nostra strada. Mentre ci lasciamo ancora una volta la città alle spalle, andando verso chissà dove, sorrido a tutte le facce amichevoli che ci salutano da quelle casette incastonate tra i **campi coltivati:** è davvero incredibile come qualcosa di così apparentemente ordinario possa portare tanta gioia semplicemente passando di lì. E poi, naturalmente, ci sono i **bambini**.

Pertanyaan Pemahaman

1. Ke mana kereta api akan pergi?

2. Siapa yang bepergian dengan kereta api?

3. Kapan kereta api berangkat?

4. Bagaimana sang protagonis bisa naik kereta api?

5. Dari mana asal kereta api?

6. Ke mana kereta api akan pergi selanjutnya?

7. Kapan para penumpang tiba?

8. Bagaimana perasaan sang tokoh utama ketika ia ketinggalan kereta api?

9. Bagaimana reaksi masinis kereta api ketika melihat sang tokoh utama?

10. Mengapa sang tokoh utama menyukai kereta api?

Domande di comprensione

1. Dove va il treno?

2. Chi viaggia sul treno?

3. Quando parte il treno?

4. Come fa il protagonista a salire sul treno?

5. Da dove viene il treno?

6. Dove è diretto il treno?

7. Quando sono arrivati i passeggeri?

8. Come si sente il protagonista quando perde il treno?

9. Come reagisce il macchinista quando vede il protagonista?

10. Perché al protagonista piacciono i treni?

Memasak Makan Malam

Sekarang pukul 5 sore dan saya sedang berjalan pulang dari kantor. Saya **menantikan** malam yang tenang di rumah bersama pasangan saya. Kami akan memasak makan malam bersama dan kemudian bersantai sepanjang malam. Rasanya menyenangkan mengetahui bahwa saya tidak memiliki rencana atau kewajiban apa pun **malam** ini. Saya tiba di rumah dan pasangan saya sudah berada di dapur, mulai menyiapkan makan malam kami. Baunya **luar biasa** di sini! Kami mengobrol sambil memasak, saling mengobrol tentang hari-hari satu sama lain dan berbagi cerita kecil dari kehidupan kerja kami. Dapur adalah ruangan favorit saya di apartemen kami. Saya suka memasak, dan saya terutama suka memasak bersama pasangan saya. Kami selalu bersenang-senang di sini, tertawa dan bercanda saat kami memasak. Ditambah lagi, makanannya selalu **luar biasa** saat kami bekerja **bersama**.

Malam ini, kami membuat salah satu resep favorit saya sepanjang masa: **ayam** Parmesan. Rekan saya memulai dengan membiakkan ayam sementara saya menyiapkan saus yang mendidih di atas **kompor**. Kami

Cucinare la cena

Sono le 17.00 e sto tornando a casa dal lavoro. Non vedo l'**ora** di passare una serata tranquilla a casa con il mio compagno. Cucineremo insieme la cena e poi ci rilasseremo per il resto della serata. È bello sapere che questa **sera non ho** programmi o obblighi. Arrivo a casa e il mio partner è già in cucina a preparare la cena. C'è un profumo **fantastico** qui dentro! Chiacchieriamo mentre cuciniamo, raccontandoci le nostre giornate e condividendo piccole storie della nostra vita lavorativa. La cucina è la mia stanza preferita del nostro appartamento. Adoro cucinare e soprattutto adoro farlo con il mio compagno. Ci divertiamo sempre molto qui dentro, ridendo e scherzando mentre cuciniamo. Inoltre, il cibo è sempre **incredibile** quando lavoriamo **insieme**.

Stasera prepariamo una delle mie ricette preferite di sempre: il **pollo** alla parmigiana. Il mio collega inizia a impanare il pollo, mentre io faccio cuocere la salsa sul **fuoco**. Lavoriamo insieme come una macchina ben oliata e in poco tempo la cena è pronta da servire. Ci sediamo al tavolo della nostra cucina con i **piatti** colmi di pollo alla parmigiana, pasta e insalata. Facciamo tintinnare i bicchieri e assaggiamo il primo

bekerja sama seperti mesin yang diminyaki dengan baik, dan tak lama kemudian, makan malam siap disajikan. Kami duduk di meja dapur kecil kami dengan **piring-piring yang penuh** dengan ayam Parmesan, pasta, dan salad. Kami mendentingkan gelas dan mengambil gigitan pertama kami-dan rasanya **nikmat sekali**! Ayamnya renyah di bagian luar tetapi juicy di bagian dalam; sausnya beraroma dan sempurna; pastanya dimasak al dente... semuanya terasa benar-benar sempurna malam ini. Kami berdua tahu bahwa ini adalah salah satu malam di mana semuanya datang bersama dengan sempurna saat kami **menikmati** setiap gigitan terakhir dari makanan lezat kami. Rasanya bahkan lebih enak daripada baunya-yang sangat enak! Kami menyelesaikan makanan kami dengan relatif cepat karena tidak satu pun dari kami yang sangat lapar hari ini, tetapi kami meluangkan waktu kami untuk menikmati beberapa **gelas** anggur lagi sambil mengobrol ringan tentang topik ini dan itu. Setelah makan malam, kami membersihkan diri dengan cepat bersama-sama dan kemudian pindah ke ruang tamu, di mana kami menghabiskan waktu **berpelukan** di sofa sambil menonton TV.

boccone... ed è **paradisiaco**! Il pollo è croccante all'esterno ma succoso all'interno; il sugo è saporito e perfetto; la pasta è cotta al dente... tutto ha un sapore assolutamente perfetto stasera. Sappiamo entrambi che questa è stata una di quelle sere in cui tutto si è unito alla perfezione, mentre **assaporiamo** fino all'ultimo boccone il nostro delizioso pasto. Il sapore era persino migliore del profumo, che era dannatamente buono! Finiamo il pasto relativamente in fretta, visto che oggi nessuno dei due ha particolarmente fame, ma ci prendiamo tutto il tempo necessario per goderci qualche altro **bicchiere di** vino chiacchierando con leggerezza di questo e quell'argomento. Dopo cena, puliamo velocemente insieme e poi ci spostiamo in salotto, dove passiamo un po' di tempo **a coccolarci** sul divano guardando la TV.

Pertanyaan Pemahaman

1. Dari mana narator berasal?

2. Apa yang dilakukan narator setelah bekerja?

3. Apa yang dimakan narator untuk makan malam?

4. Mengapa narator menyukai dapur?

5. Hidangan seperti apa yang dimasak oleh pasangan ini?

6. Bagaimana perasaan narator di akhir malam?

7. Apa hal favorit pasangan untuk dilakukan?

8. Apa yang dilakukan pasangan ketika mereka lelah?

9. Di mana mereka tidur?

10. Mengapa narator suka tinggal di rumah?

Domande di comprensione

1. Da dove viene il narratore?

2. Cosa fa il narratore dopo il lavoro?

3. Cosa mangia il narratore per cena?

4. Perché al narratore piace la cucina?

5. Che tipo di piatto cucina la coppia?

6. Come si sente il narratore alla fine della serata?

7. Qual è la cosa che la coppia preferisce fare?

8. Cosa fa la coppia quando è stanca?

9. Dove dormono?

10. Perché al narratore piace stare a casa?

Berjalan Pulang

Malam itu adalah malam yang **damai** saat saya berjalan pulang dari kantor. Saat saya berjalan, saya tidak bisa menahan senyum pada kenangan. Rasanya menyenangkan bisa kembali ke lingkungan lama saya. Saya melambaikan tangan kepada beberapa orang yang saya kenal, dan mereka membalas lambaian saya. Senang rasanya bisa kembali ke rumah. Saya berjalan melewati sekolah lama saya dan **mengingat** semua saat-saat indah yang saya alami bersama teman-teman saya. Kami selalu berjalan pulang bersama dan berbicara tentang hari kami. **Kadang-kadang** kami berhenti dan membeli es krim atau pergi ke taman. Itu adalah saat-saat terbaik. Saya merindukan masa-masa itu. Tetapi sekarang saya memiliki keluarga sendiri dan saya bahagia dengan hidup saya. Saya senang saya bisa melihat kembali kenangan itu dan tersenyum. Mereka adalah bagian dari hidup saya yang akan selalu saya hargai. Itu adalah masa-masa terbaik. Saya merindukan masa-masa itu. Tetapi sekarang saya memiliki keluarga sendiri dan saya bahagia dengan hidup saya. Saya senang saya bisa melihat kembali **kenangan** itu dan tersenyum. Mereka adalah bagian dari hidup saya yang akan selalu saya hargai.

Camminare verso casa

Era una notte **tranquilla** mentre tornavo a casa dal lavoro. Mentre camminavo, non potevo fare a meno di sorridere ai ricordi. Era bello tornare nel mio vecchio quartiere. Salutai alcune persone che conoscevo e loro ricambiarono il saluto. Era bello essere a casa. Passai davanti alla mia vecchia scuola e **ricordai** tutti i bei momenti passati con i miei amici. Tornavamo sempre a casa insieme e parlavamo della nostra giornata. **A volte ci** fermavamo a prendere un gelato o andavamo al parco. Erano i momenti migliori. Mi mancano quei momenti. Ma ora ho la mia famiglia e sono felice della mia vita. Sono felice di poter guardare indietro a quei ricordi e sorridere. Sono una parte della mia vita che conserverò per sempre. Erano i tempi migliori. Mi mancano quei tempi. Ma ora ho la mia famiglia e sono felice della mia vita. Sono felice di poter guardare indietro a quei **ricordi** e sorridere. Sono una parte della mia vita che conserverò per sempre.

Continuo a camminare, pensando ai bei momenti passati con i miei amici. So che li rivedrò presto. Mi dirigo verso casa e decido di passeggiare in un parco lì vicino. Il sole sta tramontando e il cielo sta diventando di un **bel** colore arancione. Il parco è vuoto, a parte

Saya terus berjalan, memikirkan saat-saat indah yang saya alami bersama teman-teman saya. Saya tahu saya akan segera bertemu mereka lagi. Saya menuju rumah saya dan memutuskan untuk berjalan melalui taman di dekatnya. Matahari terbenam dan langit berubah warna menjadi oranye yang **indah.** Taman itu kosong, kecuali beberapa burung yang berkicau di pepohonan. Saya menarik **napas** dalam-dalam dan tersenyum. Saat saya berjalan melewati taman, saya melihat bintang jatuh melesat di langit. Saya membuat harapan pada bintang itu, dan terus berjalan. Saya berpikir tentang hari saya di tempat kerja dan betapa **damainya** hari itu. Saya tersenyum pada diri sendiri, memikirkan betapa beruntungnya saya memiliki pekerjaan yang begitu hebat. Saya berjalan pulang, **merasakan** udara malam yang sejuk di kulit saya. Saya merasa begitu hidup dan bahagia, hanya menikmati tindakan sederhana berjalan pulang ke rumah di malam yang damai. Saya merasa sangat baik, saya mulai **bersiul**. Saya berjalan melewati beberapa orang di jalan, tetapi mereka semua sedang mengurus urusan mereka sendiri.

qualche uccello che cinguetta tra gli alberi. Faccio un **respiro** profondo e sorrido. Mentre cammino nel parco, vedo una stella cadente che attraversa il cielo. Esprimo un desiderio su quella stella e continuo a camminare. Penso alla mia giornata di lavoro e a quanto sia stata **tranquilla**. Sorrido tra me e me, pensando a quanto sono fortunata ad avere un lavoro così bello. Cammino verso casa, **sentendo** l'aria fresca della notte sulla mia pelle. Mi sento così viva e felice, godendomi il semplice atto di tornare a casa in una notte tranquilla. Mi sentivo così bene che iniziai a **fischiettare**. Passai accanto ad alcune persone per strada, ma tutte si facevano gli affari loro.

Pertanyaan Pemahaman

1. Apa yang dilakukan tokoh utama ketika cerita dimulai?

2. Apa yang dipikirkan oleh sang tokoh utama ketika berjalan pulang ke rumah?

3. Apa yang biasa dilakukan sang tokoh utama bersama teman-temannya sepulang sekolah?

4. Apa yang dirindukan oleh sang tokoh utama tentang masa-masa itu?

5. Apa yang dipikirkan tokoh utama tentang kehidupan mereka saat ini?

6. Apa yang dilakukan tokoh utama ketika melihat bintang jatuh?

7. Bagaimana perasaan sang tokoh utama ketika mereka berjalan pulang ke rumah?

8. Apa yang dilakukan tokoh utama ketika mereka sampai di rumah?

9. Bagaimana perasaan tokoh utama ketika mereka bangun keesokan paginya?

Domande di comprensione

1. Cosa stava facendo il protagonista quando è iniziata la storia?

2. A cosa pensava il protagonista mentre tornava a casa?

3. Cosa faceva il protagonista con gli amici dopo la scuola?

4. Cosa manca al protagonista di quei tempi?

5. Cosa pensa il protagonista della sua vita attuale?

6. Cosa fa il protagonista quando vede una stella cadente?

7. Come si sente il protagonista quando torna a casa?

8. Cosa fa il protagonista quando torna a casa?

9. Come si sente il protagonista quando si sveglia la mattina dopo?

Kastil

Keluarga ini selalu ingin mengunjungi kastil tua di **Jerman**, dan akhirnya mereka melakukan perjalanan. Mereka tidak **kecewa**. Kastil itu sangat indah, dan mereka senang menjelajahi banyak ruangan dan koridornya. Hal pertama yang membuat mereka terpana adalah baunya. Mereka menemukan **jamur**, kelembaban, dan sesuatu yang lain yang tidak bisa mereka tebak. Hal kedua adalah suaranya. Dinding batu memang tebal, tetapi tidak mematikan suara sepenuhnya. Mereka mendengar setiap langkah kaki, setiap kata yang diucapkan dengan suara normal, dan sesekali tetesan air **di suatu tempat** di kejauhan. Saat mata mereka menyesuaikan diri dengan cahaya redup, mereka melihat dinding batu besar menjulang di sekeliling mereka, permadani-permadani menggantung di sekelilingnya dalam keadaan robek-robek. Mereka berdiri di sebuah aula besar dengan langit-langit tinggi yang didukung oleh pilar-pilar berukir. Mereka juga menyukai pemandangan dari menara-menara, dan anak-anak bersenang-senang berlarian di sekitar halaman. **Matahari** sudah mulai terbenam pada saat mereka selesai menjelajahi kastil, dan mereka menyesal karena mereka tidak membawa **senter**. Mereka memutuskan untuk kembali ke pintu masuk, tetapi segera menemukan diri mereka tersesat. Mereka

Il castello

La famiglia aveva sempre desiderato visitare un antico castello in **Germania** e finalmente ha intrapreso il viaggio. Non sono rimasti **delusi**. Il castello era bellissimo e si sono divertiti a esplorare le sue stanze e i suoi corridoi. La prima cosa che li colpì fu l'odore. Trovarono **muffa**, umidità e qualcos'altro che non riuscirono a definire con precisione. La seconda cosa è stata il suono. I muri di pietra sono spessi, ma non attutiscono completamente il suono. Sentirono ogni passo, ogni parola pronunciata con voce normale e l'occasionale gocciolio dell'acqua **da qualche parte** in lontananza. Quando i loro occhi si adattarono alla luce fioca, videro le massicce mura di pietra che incombevano intorno a loro, con gli arazzi appesi a **brandelli**. Si trovavano in un'enorme sala con un alto soffitto sostenuto da pilastri scolpiti. Anche a loro piaceva molto la vista che si godeva dalle torrette e i bambini si divertivano un mondo a correre per il parco. Quando finirono di esplorare il castello, il **sole** era già tramontato e si pentirono di non aver portato una **torcia**. Decisero di tornare all'ingresso, ma si persero subito. Vagarono per ore e ore, finché alla fine trovarono una porta che conduceva all'esterno. Proseguirono fino **alla** fine del corridoio e si trovarono davanti a un'imponente serie di doppie porte. Per quanto potessero, le porte non si muovevano.

berkeliling selama berjam-jam, sampai akhirnya mereka menemukan sebuah pintu yang mengarah ke luar. Mereka terus berjalan sampai mereka **mencapai** ujung lorong dan sampai pada satu set pintu ganda yang mengesankan. Mencoba sekuat tenaga, pintu-pintu itu tidak mau bergerak. Pintu-pintu itu berderak **dengan tidak menyenangkan** tetapi tidak bergerak sedikit pun. Sepertinya siapa pun yang ada di sini sebelumnya pasti telah melewati sini dan menguncinya dari dalam. Akhirnya, mereka menemukan jalan keluar. Kelegaan menyelimuti mereka saat mereka melangkah keluar menuju udara malam yang sejuk.

Matahari mulai terbenam, dan mereka **menyesal** tidak membawa senter. Mereka memutuskan untuk kembali ke pintu masuk, tetapi segera menemukan diri mereka tersesat. Mereka berkeliling selama berjam-jam, sampai akhirnya mereka menemukan sebuah pintu yang mengarah ke **luar**. Kelegaan menyelimuti mereka saat mereka melangkah keluar menuju udara malam yang sejuk. Malam berikutnya, mereka memastikan untuk membawa senter saat mereka menjelajahi sisa kastil. Mereka berjalan melalui **halaman** dan turun ke sungai yang mengalir di belakang dinding **kastil.** Saat mereka berjalan-jalan, mereka mulai mendengar suara-suara aneh. Kedengarannya seperti ada seseorang yang mengikuti mereka. Mereka mempercepat langkah mereka, tetapi suara-suara itu semakin keras dan semakin dekat.

Scricchiolano **minacciosamente**, ma non si muovono di un millimetro. Sembrava che chiunque fosse stato qui prima dovesse essere passato di qui e averle chiuse dall'interno. Alla fine trovano una via d'uscita. Il sollievo li invade mentre escono nell'aria fresca della notte.

Il sole aveva iniziato a tramontare e si **pentirono di non aver** portato una torcia elettrica. Decisero di tornare all'ingresso, ma presto si persero. Vagarono per ore e ore, finché alla fine trovarono una porta che conduceva all'**esterno**. Il sollievo li colse quando uscirono nell'aria fresca della notte. La sera successiva si assicurarono di portare con sé una torcia per esplorare il resto del castello. Attraversarono il **cortile** e scesero fino al fiume che scorreva dietro le mura del **castello**. Mentre camminavano, cominciarono a sentire strani rumori. Sembrava che qualcuno li stesse seguendo. Accelerarono il passo, ma i rumori diventavano sempre più forti e vicini.

Pertanyaan Pemahaman

1. Apa yang dilakukan keluarga ketika mereka tersesat di kastil?

2. Bagaimana perasaan keluarga ketika mereka mengetahui bahwa itu hanyalah seorang pria lokal?

3. Apa yang dilakukan pria itu sehingga ia ditangkap?

4. Apakah hukuman bagi orang itu?

5. Suara apa yang didengar keluarga itu ketika mereka sedang berjalan?

6. Di manakah sosok berjubah gelap itu ketika keluarga melihatnya?

7. Apa yang dilakukan keluarga itu ketika mereka kembali ke kamar mereka?

8. Kapan keluarga itu pergi menjelajahi kastil lagi?

9. Hal apakah yang tidak bisa diketahui oleh keluarga itu?

10. Apa yang dilakukan keluarga itu sebelum mereka pergi menjelajahi kastil lagi?

Domande di comprensione

1. Cosa fece la famiglia quando si perse nel castello?

2. Come si è sentita la famiglia quando ha scoperto che si trattava solo di un uomo del posto?

3. Che cosa ha fatto l'uomo che lo ha fatto arrestare?

4. Qual è stata la sentenza per l'uomo?

5. Quale rumore ha sentito la famiglia mentre camminava?

6. Dov'era la figura con il mantello scuro quando la famiglia lo vide?

7. Che cosa ha fatto la famiglia quando è tornata nella sua stanza?

8. Quando la famiglia è tornata a esplorare il castello?

9. Qual era la cosa che la famiglia non riusciva a capire?

10. Cosa fece la famiglia prima di tornare a esplorare il castello?

Taman Saya

Kebun saya adalah tempat bahagia saya. Saya pergi ke sana setiap hari, hujan atau cerah, dan menghabiskan waktu merawat tanaman saya. Saya memiliki sedikit dari **semuanya-sayuran**, buah-buahan, bunga, herbal. Saya bahkan memiliki beberapa ekor ayam yang membantu mencegah hama. Saya memulai hari-hari saya di kebun dengan mengumpulkan telur dari ayam. Kemudian saya memeriksa sayuran saya, memastikan mereka mendapatkan cukup air dan sinar matahari. Saya menyiangi bedengan dan memusnahkan serangga yang mungkin **menyerang** tanaman. Setelah **semuanya** terurus, saya duduk santai dan menikmati kedamaian dan ketenangan alam.

Saya selalu senang menghabiskan waktu di kebun saya. Ada sesuatu tentang dikelilingi oleh alam dan semua **keindahan** yang ditawarkannya. Saya merasa ini adalah tempat yang sangat damai dan menenangkan. Saya sering menghabiskan waktu di kebun saya hanya untuk bersantai dan menikmati pemandangan. Saya juga menikmati bekerja di kebun saya dan menanam sesuatu. Saya memiliki kebun yang cukup luas, dan saya suka menanam berbagai hal yang **berbeda** di dalamnya. Saya menanam bunga, **sayuran**, dan rempah-rempah. Saya juga memiliki

Il mio giardino

Il mio giardino è il mio luogo felice. Esco ogni giorno, con la pioggia o con il sole, e passo il tempo a curare le mie piante. Ho un po' di **tutto: verdure**, frutta, fiori, erbe aromatiche. Ho anche alcune galline che mi aiutano a tenere lontani i parassiti. Inizio le mie giornate in giardino raccogliendo le uova dalle galline. Poi controllo le verdure, assicurandomi che ricevano acqua e sole a sufficienza. Diserbo le aiuole e rimuovo gli insetti che potrebbero **attaccare** le piante. Una volta sistemato **tutto**, mi siedo e mi godo la pace e la tranquillità della natura.

Ho sempre amato trascorrere del tempo nel mio giardino. C'è qualcosa nell'essere circondati dalla natura e da tutta la **bellezza che** ha da offrire. Trovo che sia un luogo molto tranquillo e rilassante. Spesso trascorro il tempo nel mio giardino rilassandomi e godendomi il paesaggio. Mi piace anche lavorare nel mio giardino e coltivare. Ho un giardino di buone dimensioni e mi piace coltivare **diverse** cose. Coltivo fiori, **verdure** ed erbe aromatiche. Ho anche alcuni alberi da frutto che producono mele, pere e prugne deliziose. Oltre a coltivare, mi piace anche passare il tempo passeggiando nel mio giardino, **ammirando** tutte le piante e gli animali che lo abitano. Negli anni

beberapa pohon buah yang menghasilkan beberapa apel, pir, dan plum yang lezat. Selain menanam berbagai hal, saya juga senang menghabiskan waktu hanya dengan berjalan-jalan di sekitar kebun saya, **mengagumi** semua tanaman dan hewan yang berbeda yang menyebutnya sebagai rumah. Saya telah menghabiskan waktu berjam-jam selama bertahun-tahun untuk membuat **kebun** saya menjadi tempat yang tidak hanya indah tetapi juga fungsional. Saya suka melihat burung-burung beterbangan dan mendengarkan mereka bernyanyi. Kadang-kadang saya bahkan membawa buku dan membaca di taman sambil dikelilingi oleh semua keindahan yang telah saya ciptakan. **Berkebun** adalah hasrat saya dan itu memberi saya begitu banyak kegembiraan. Setiap hari di kebun saya adalah hari yang baik.

Salah satu hal yang saya suka lakukan adalah memasak, jadi memiliki kebun herbal yang lengkap sangat **penting** bagi saya. Thyme, basil, oregano, rosemary, sage, dan lavender adalah beberapa tanaman herbal yang saya suka tanam di kebun saya sehingga saya bisa menggunakannya saat memasak makanan untuk diri sendiri atau untuk **tamu**. Hal lain yang penting bagi saya dalam hal kebun saya adalah memastikan bahwa ada banyak warna di seluruh kebun saya. Untuk mencapai tujuan ini, saya menanam berbagai macam bunga, termasuk **mawar**, lili, aster, tulip, impatiens, marigold, dll.

ho trascorso molte ore a lavorare per rendere il mio **giardino** un luogo non solo bello ma anche funzionale. Mi piace osservare gli uccelli che svolazzano in giro e ascoltarli cantare. A volte tiro fuori un libro e leggo in giardino, circondata da tutta la bellezza che ho creato. Il **giardinaggio** è la mia passione e mi porta tanta gioia. Ogni giorno nel mio giardino è un buon giorno.

Una delle cose che amo fare è cucinare, quindi avere un giardino di erbe aromatiche ben fornito è molto **importante** per me. Timo, basilico, origano, rosmarino, salvia e lavanda sono solo alcune delle erbe che mi piace coltivare nel mio giardino per poterle usare quando cucino per me o per gli **ospiti**. Un'altra cosa importante per me quando si tratta del mio giardino è assicurarmi che ci sia molto colore in tutto il giardino. Per raggiungere questo obiettivo, coltivo una grande varietà di fiori, tra cui **rose**, gigli, margherite, tulipani, impatiens, calendule, ecc.

Pertanyaan Pemahaman

1. Di manakah kebun penulis?

2. Berapa banyak ayam yang dimiliki penulis?

3. Apa yang dilakukan penulis di kebun setiap hari?

4. Mengapa penulis menyukai taman?

5. Tumbuhan apa yang ditanam oleh penulis di kebun?

6. Mengapa penting bagi penulis bahwa ada banyak warna di kebunnya?

7. Bagaimana cara penulis menghadirkan variasi ke kebunnya?

8. Bagaimana perasaan penulis ketika ia bekerja di kebunnya?

9. Apa yang membuat penulis merasa terhubung ketika ia berada di kebunnya?

10. Mengapa setiap hari di kebun penulis adalah hari yang baik?

Domande di comprensione

1. Dove si trova il giardino dell'autore?

2. Quanti polli ha l'autore?

3. Che cosa fa l'autore in giardino ogni giorno?

4. Perché all'autore piace il giardino?

5. Quali sono le erbe che l'autore pianta nel giardino?

6. Perché è importante per l'autore che ci siano molti colori nel suo giardino?

7. Come fa l'autore a dare varietà al suo giardino?

8. Come si sente l'autore quando lavora nel suo giardino?

9. Cosa fa sentire l'autore in sintonia quando è nel suo giardino?

10. Perché ogni giorno nel giardino dell'autore è un buon giorno?

Pergi Berbelanja

Saya suka pergi **berbelanja** di mal. Selalu menyenangkan untuk berjalan-jalan dan melihat-lihat semua toko yang berbeda. Ada sesuatu untuk semua orang di mal, dan selalu menjadi tempat yang bagus untuk menemukan penawaran untuk pakaian, sepatu, dan aksesori. Saya **biasanya** memulai perjalanan belanja saya dengan berjalan melalui **pintu masuk** utama mal. Dari sana, saya menuju ke toko favorit saya terlebih dahulu. Setelah melihat-lihat toko-toko tersebut, saya akan berkeliling dan melihat apakah ada penjualan yang sedang berlangsung di tempat lain. Saya biasanya menghabiskan beberapa jam di mal sebelum akhirnya melakukan pembelian. Saya selalu ingin meluangkan waktu saat berbelanja **karena** saya ingin memastikan bahwa saya mendapatkan apa yang saya inginkan. Ditambah lagi, lebih menyenangkan seperti itu!

Saya selalu merasa sangat **menarik** untuk mengamati orang-orang saat saya berada di mal. Anda benar-benar dapat mengetahui banyak hal tentang seseorang dari cara mereka berbelanja. Beberapa orang sangat metodis dan meluangkan waktu mereka, sementara yang lain tampaknya hanya mengambil **apa pun yang** mereka bisa dan menuju ke kasir secepat mungkin.

Fare shopping

Mi piace andare **a fare shopping al** centro commerciale. È sempre molto divertente passeggiare e guardare tutti i diversi negozi. Al centro commerciale ce n'è per tutti i gusti ed è sempre un ottimo posto per trovare offerte su vestiti, scarpe e accessori. **Di solito** inizio il mio shopping attraversando l'**ingresso** principale del centro commerciale. Da lì, mi dirigo prima verso i miei negozi preferiti. Dopo aver dato un'occhiata a quei negozi, vado in giro a vedere se ci sono saldi in corso in altri posti. Di solito trascorro un paio d'ore nel centro commerciale prima di fare i miei acquisti. Mi piace sempre prendermi il tempo necessario per fare shopping, **perché** voglio essere sicura di acquistare **esattamente** ciò che voglio. In più, così è più divertente!

Trovo sempre molto **affascinante** osservare le persone mentre sono al centro commerciale. Si può capire molto di una persona dal modo in cui fa acquisti. Alcune persone sono molto metodiche e si prendono il loro tempo, mentre altre sembrano prendere **tutto quello che** possono e dirigersi alla cassa il più velocemente possibile. Ci sono anche quelli che sembrano più interessati a parlare al cellulare o a mandare messaggi piuttosto che guardare la merce! A prescindere dal tipo

Ada juga pembeli yang tampaknya lebih tertarik untuk berbicara di ponsel mereka atau mengirim SMS daripada benar-benar melihat barang dagangan apa pun! Namun, apa pun jenis pembelanja Anda, semua orang tampaknya menikmati window shopping - bahkan jika Anda tidak benar-benar membeli apa pun. Ada sesuatu tentang melihat semua barang cantik di **jendela** toko yang membuat saya bahagia. Kadang-kadang saya berkhayal, bagaimana jadinya jika saya bisa membeli **semua yang** saya lihat! Secara keseluruhan, menghabiskan waktu seharian berbelanja di mal adalah salah satu hiburan favorit saya. Ini adalah cara yang bagus untuk bersantai dan melepas penat sekaligus berolahraga (jika Anda cukup banyak berjalan-jalan). Ditambah lagi, **selalu** menyenangkan untuk memanjakan diri Anda dengan kemeja atau sepasang sepatu baru sesekali!

Saya mengalami hari yang **panjang** di tempat kerja dan akhirnya memiliki waktu untuk diri saya sendiri, jadi saya memutuskan untuk pergi berbelanja di mal. Saya membutuhkan beberapa pakaian baru untuk musim yang **akan datang.** Begitu saya masuk, saya melihat semua lampu terang dan etalase toko yang mengkilap. Saya menuju ke toko favorit saya terlebih dahulu dan mulai melihat-lihat rak. Saya menemukan beberapa atasan yang lucu dan mencobanya di ruang ganti.

di acquirente, però, sembra che a tutti piaccia guardare le vetrine, anche se non si compra nulla. C'è qualcosa che mi rende felice nel guardare tutte le belle cose nelle **vetrine** dei negozi. A volte fantastico su come sarebbe se potessi permettermi **tutto quello che** vedo! Tutto sommato, trascorrere una giornata di shopping al centro commerciale è uno dei miei passatempi preferiti. È un ottimo modo per rilassarsi e distendersi, facendo anche un po' di esercizio fisico (se si cammina abbastanza). Inoltre, è **sempre** bello concedersi una camicia o un paio di scarpe nuove ogni tanto!

Ho avuto una **lunga** giornata di lavoro e finalmente avevo un po' di tempo per me, così ho deciso di andare a fare shopping al centro commerciale. Mi servivano dei vestiti nuovi per la **prossima** stagione. Appena sono entrata, ho visto tutte le luci e le vetrine scintillanti. Mi sono diretta prima al mio negozio preferito e ho iniziato a sfogliare gli scaffali. Ho trovato alcuni top carini e li ho provati nel camerino.

Pertanyaan Pemahaman

1. Di mana Anda paling suka menyimpan?

2. Apa toko favorit Anda di mal?

3. Berapa lama Anda biasanya berada di mal?

4. Apa pendapat Anda tentang orang-orang yang menghabiskan banyak waktu di mal?

5. Apa hal favorit Anda untuk dilakukan di mal?

6. Pernahkah Anda membeli sesuatu di mal ketika Anda tidak benar-benar membutuhkannya?

7. Bagaimana reaksi Anda ketika melihat sesuatu di mal yang sangat Anda sukai, tetapi harganya terlalu mahal?

8. Pernahkah Anda melihat sesuatu di mal dan bertanya-tanya siapa yang akan membelinya?

9. Apa pendapat Anda tentang orang-orang yang sibuk dengan ponsel mereka di mal daripada melihat-lihat toko?

Domande di comprensione

1. Dove vi piace di più conservare?

2. Qual è il vostro negozio preferito nel centro commerciale?

3. Quanto tempo si ferma di solito al centro commerciale?

4. Cosa pensa delle persone che trascorrono molto tempo al centro commerciale?

5. Qual è la cosa che preferite fare al centro commerciale?

6. Avete mai comprato qualcosa al centro commerciale quando non ne avevate davvero bisogno?

7. Come reagite quando al centro commerciale vedete qualcosa che vi piacerebbe molto, ma che costa troppo?

8. Avete mai visto qualcosa al centro commerciale e vi siete chiesti chi lo avrebbe comprato?

9. Qual è la sua opinione sulle persone che al centro commerciale sono impegnate con il cellulare invece di guardare i negozi?

Di Pasar

Saya bangun pagi-pagi sekali pada hari Sabtu pagi, ingin sekali pergi ke **pasar** sebelum terlalu ramai. Saya mengenakan pakaian dan keluar dari pintu, mengambil tas yang dapat digunakan kembali di jalan. Sambil berjalan, saya mulai merencanakan apa yang ingin saya buat untuk minggu depan. Saya tahu saya ingin **memanggang** sayuran setidaknya sekali, jadi saya harus membeli beberapa sayuran berkualitas baik. Saya juga ingin membuat sup atau rebusan, jadi saya juga perlu membeli daging. Saya harus melihat apa yang terlihat bagus ketika saya sampai di sana. Pasarnya hanya beberapa blok jauhnya, dan saya sudah bisa melihat kios-kios yang didirikan dan **orang-orang yang** berkeliaran.

Saya tiba di pasar dan langsung menuju kios sayuran. Pilihannya indah, dan saya mengisi tas saya dengan berbagai produk **segar.** Saya mengobrol sebentar dengan petani, dan dia merekomendasikan beberapa resep untuk saya. Saya bersemangat untuk mencobanya. Saya mengobrol dengan para **petani** sambil berbelanja, mengenal mereka dan produk mereka. Setelah saya mendapatkan semua sayuran yang saya butuhkan, saya beralih ke bagian daging. Saya sedikit lebih ragu-ragu di sini, karena saya

Al mercato

Mi sveglio presto il sabato mattina, desiderosa di andare al **mercato** prima che sia troppo affollato. Mi infilo i vestiti e mi avvio verso la porta, prendendo le mie borse riutilizzabili. Mentre cammino, inizio a pianificare quello che voglio fare per la settimana a venire. So che voglio **arrostire le** verdure almeno una volta, quindi dovrò comprare delle verdure di buona qualità. Voglio anche fare una zuppa o uno stufato, quindi dovrò comprare anche della carne. Dovrò vedere cosa c'è di buono quando arriverò lì. Il mercato è a pochi isolati di distanza e vedo già le bancarelle allestite e la **gente** che vi si aggira.

Arrivo al mercato e mi dirigo subito verso il banco delle verdure. La scelta è bellissima e riempio le mie borse con una grande varietà di prodotti **freschi**. Parlo un po' con il contadino e mi consiglia alcune ricette. Non vedo l'ora di provarle. Mentre faccio la spesa, chiacchiero con i **contadini** per conoscere meglio loro e i loro prodotti. Dopo aver preso tutte le verdure che mi servono, passo al reparto carne. Qui sono un po' più titubante, perché non sono sicuro di quello che voglio prendere. Alla fine scelgo il pollo, perché è versatile e può essere utilizzato in diversi piatti. Compro anche alcuni tagli di carne diversi, assicurandomi di prendere

tidak yakin apa yang ingin saya beli. Akhirnya saya memutuskan untuk membeli daging ayam, karena daging ayam serbaguna dan dapat digunakan dalam berbagai hidangan. Saya juga membeli beberapa potongan daging yang berbeda, memastikan untuk mendapatkan daging sapi yang diberi makan rumput dan **ayam** kampung. Tukang daging itu adalah seorang pria yang ramah, selalu ceria meskipun ia bekerja berjam-jam. Dia membungkus dada ayam dan steak saya sebelum mengobrol dengan saya tentang rencana akhir pekannya. Saya mengucapkan selamat tinggal kepadanya dan melanjutkan perjalanan. Saya juga membeli beberapa telur dan keju dari bagian produk susu.

Pasar itu ramai dengan orang-orang, semuanya ingin mendapatkan hasil bumi dan daging segar yang ditawarkan. Udara terasa kental dengan aroma bawang putih dan bawang bombay, dan suara tawa serta percakapan memenuhi udara. Saya berjalan melewati kerumunan, memilih barang-barang lain yang saya butuhkan untuk belanja mingguan saya. Saya mengisi **keranjang** saya dengan buah dan sayuran, pasta dan roti, sebelum menuju ke kasir. Antriannya panjang, tetapi bergerak dengan cepat. Akhirnya, **belanjaan** terakhir dibeli, dan tiba saatnya untuk pulang. Mobil sudah terisi penuh, dan perjalanan pulang terasa lama dan membosankan. Lalu lintas sangat padat dan panasnya menindas.

carne di manzo nutrita con erba e **pollo** allevato all'aperto. Il macellaio era un uomo cordiale, sempre allegro nonostante le lunghe ore di lavoro. Mi ha incartato i petti di pollo e la bistecca prima di parlarmi dei suoi programmi per il fine settimana. Lo salutai e proseguii per la mia strada. Ho preso anche delle uova e del formaggio dal reparto latticini.

Il mercato era pieno di gente, tutti desiderosi di mettere le **mani sui** prodotti freschi e sulla carne che venivano offerti. Nell'aria si sentiva l'odore dell'aglio e delle cipolle, e il suono delle risate e delle conversazioni riempiva l'aria. Mi feci strada tra la folla, scegliendo gli altri articoli necessari per la mia spesa settimanale. Riempii il mio **cestino** di frutta e verdura, pasta e pane, prima di dirigermi alla cassa. La fila era lunga, ma si snodava rapidamente.

Pertanyaan Pemahaman

1. Ke mana orang tersebut pergi?

2. Apa yang ingin dibeli oleh orang tersebut?

3. Berapa banyak tas yang dimiliki orang tersebut?

4. Seberapa jauh jarak pasar?

5. Apa yang sedang dilakukan orang tersebut sekarang?

6. Apa saja yang ada di pasar?

7. Berapa banyak orang yang ada di pasar?

8. Berapa lama waktu yang dibutuhkan orang tersebut untuk membeli semuanya?

9. Bagaimana orang tersebut pulang ke rumah?

10. Apa yang dilakukan orang tersebut ketika sampai di rumah?

Domande di comprensione

1. Dove sta andando la persona?

2. Cosa vuole comprare la persona?

3. Quante borse ha la persona?

4. Quanto è lontano il mercato?

5. Cosa sta facendo la persona in questo momento?

6. Che cos'è il mercato?

7. Quante persone ci sono nel mercato?

8. Quanto tempo ha impiegato la persona a comprare tutto?

9. Come è tornata a casa la persona?

10. Cosa ha fatto la persona quando è tornata a casa?

Di Kafe

Saat itu adalah pagi **musim gugur yang** dingin, dan saya telah mengatur untuk bertemu teman saya Lily di kafe favorit kami untuk minum kopi. Saya membungkus diri dengan mantel dan syal hangat dan berangkat. Daun-daun berguguran dari pepohonan dan udara terasa dingin, tetapi matahari bersinar dan menjanjikan hari yang indah. Sambil berjalan, saya **berpikir** tentang betapa senangnya memiliki teman seperti Lily. Kami telah berteman selama bertahun-tahun, sejak kami bertemu di **universitas**. Kami terikat karena kecintaan kami pada kopi dan menghabiskan waktu mengobrol di kafe. Meskipun kami sekarang tinggal di bagian kota yang berbeda, kami masih bisa bertemu untuk minum kopi seminggu sekali. Saya tiba di kafe, dan Lily sudah ada di sana, menunggu saya. Kami saling berpelukan dan kemudian memesan kopi kami. Kami menemukan meja di dekat jendela dan duduk untuk mengobrol. **Kopinya** enak, seperti biasa, dan sangat menyenangkan bisa mengobrol dengan Lily. Kami berbicara tentang minggu kami, pekerjaan kami, dan rencana kami untuk masa depan. Selalu begitu mudah untuk berbicara dengan Lily, dan saya merasa seperti saya bisa menceritakan apa saja kepadanya. Setelah beberapa saat, kami mulai merasa lapar dan **memutuskan** untuk memesan makanan.

In un caffè

Era una fredda mattina **d'autunno** e avevo fissato un appuntamento con la mia amica Lily al nostro bar preferito per un caffè. Mi avvolsi al caldo nel cappotto e nella sciarpa e mi avviai. Le foglie cadevano dagli alberi e l'aria era pungente, ma il sole splendeva e prometteva di essere una bella giornata. Mentre camminavo, **pensavo** a quanto fosse bello avere un'amica come Lily. Eravamo amiche da anni, da quando ci eravamo conosciute all'**università**. Avevamo legato per il nostro amore per il caffè e per il tempo trascorso a chiacchierare nei bar. Anche se ora vivevamo in zone diverse della città, riuscivamo comunque a vederci per un caffè una volta alla settimana. Arrivai al caffè e Lily era già lì ad aspettarmi. Ci salutammo con un abbraccio e poi ordinammo i nostri caffè. Trovammo un tavolo vicino alla finestra e ci sedemmo a chiacchierare. Il **caffè** era delizioso, come sempre, ed è stato così bello recuperare il tempo perduto con Lily. Parlammo della nostra settimana, dei nostri lavori e dei nostri progetti per il futuro. Era sempre così facile parlare con Lily e mi sembrava di poterle dire tutto. Dopo un po' cominciammo ad avere fame e **decidemmo** di ordinare qualcosa da mangiare.

Ordinammo il cibo e trovammo posto vicino alla

Kami **memesan** makanan kami dan menemukan tempat duduk di dekat jendela. Matahari bersinar melalui jendela, membuat semuanya terasa hangat dan bahagia. Kami mengobrol sambil menyantap makanan kami, menikmati kesenangan sederhana karena **ditemani** satu sama lain. Kafe itu sibuk, tetapi tidak terasa ramai. Ada perasaan damai dan puas di udara. Saat kami menghabiskan makanan kami, kami duduk lebih lama, hanya menikmati **suasana** damai. Kami berbincang-bincang sejenak tentang berbagai hal yang telah terjadi dalam hidup kami. Senang sekali bisa bercengkerama dengan teman saya dan **bersantai**. Matahari bersinar melalui jendela, dan rasanya **tidak ada yang** bisa merusak hari sempurna kami.

Tiba-tiba, saya mendengar suara benturan keras. Saya berbalik untuk melihat seorang pria telah jatuh melalui langit-langit dan tergeletak di lantai di depan kami. Dia **tertutup** debu dan puing-puing dan tampak tidak sadarkan diri. Teman saya dan saya sama-sama terkejut saat kami menatap pria yang tergeletak di lantai. Kami tidak tahu apa yang harus kami lakukan atau siapa yang harus kami mintai pertolongan. Kami hanya duduk di sana menatapnya, tidak tahu apa yang harus dilakukan. Setelah beberapa menit, saya tersadar dan menelepon 911. Operator mengatakan kepada saya bahwa seseorang akan segera datang.

finestra. Il sole entrava dalla finestra, rendendo tutto più caldo e felice. Chiacchierammo mentre mangiavamo, godendoci il semplice piacere di stare in **compagnia**. Il caffè era affollato, ma non sembrava affollato. C'era una sensazione di pace e soddisfazione nell'aria. Finito il cibo, ci sedemmo ancora per un po', godendoci l'**atmosfera** tranquilla. Abbiamo parlato per un po' di cose diverse che stavano accadendo nelle nostre vite. È stato così bello recuperare il tempo perduto con la mia amica e **rilassarsi**. Il sole splendeva attraverso la finestra e sembrava che **nulla** potesse rovinare la nostra giornata perfetta.

All'improvviso sentii un forte schianto. Mi girai e vidi che un uomo era caduto dal soffitto e giaceva sul pavimento di fronte a noi. Era **coperto** di polvere e detriti e sembrava privo di sensi. Io e il mio amico eravamo entrambi sotto shock mentre fissavamo l'uomo steso sul pavimento. Non sapevamo cosa fare o chi chiamare aiuto. Rimanemmo lì a fissarlo, senza sapere cosa fare. Dopo qualche minuto mi sono ripreso e ho chiamato il 911. L'operatore mi disse che qualcuno sarebbe arrivato presto.

Pertanyaan Pemahaman

1. Dari mana asal orang yang jatuh dari atap?

2. Mengapa wanita itu bersama temannya di kafe?

3. Apa kafe favorit kedua sahabat itu?

4. Sudah berapa lama kedua sahabat itu saling mengenal satu sama lain?

5. Apa minuman favorit kedua sahabat itu?

6. Di kota manakah kedua sahabat itu tinggal?

7. Seberapa sering kedua sahabat itu bertemu?

8. Apa yang dibicarakan oleh kedua sahabat ini ketika mereka pertama kali bertemu di kafe favorit mereka?

9. Apa makanan favorit kedua sahabat itu?

10. Mengapa begitu mudah berbicara dengan Lily?

Domande di comprensione

1. Da dove viene l'uomo che cade dal tetto?

2. Perché la donna è con la sua amica nel caffè?

3. Qual è il caffè preferito dai due amici?

4. Da quanto tempo i due amici si conoscono?

5. Qual è la bevanda preferita dai due amici?

6. In quale città vivono i due amici?

7. Quanto spesso si incontrano i due amici?

8. Di cosa parlano i due amici quando si incontrano per la prima volta nel loro caffè preferito?

9. Qual è il cibo preferito dai due amici?

10. Perché è così facile parlare con Lily?

Pergi Berenang

Kolam renang selalu menjadi tempat yang **menyegarkan**, dan hari ini tidak berbeda. Matahari bersinar dan airnya tampak mengundang. Saya menarik napas dalam-dalam dan terjun ke dalam, merasakan sejuknya pelukan air. Saya berenang berputar-putar sebentar, menikmati latihan dan kesempatan untuk menjernihkan pikiran saya. Setelah beberapa saat, saya keluar dan mengeringkan diri, lalu duduk di atas handuk untuk bersantai di bawah sinar matahari. Saya memejamkan mata dan membiarkan **kehangatan** membasahi saya, merasakan otot-otot saya mulai rileks. Tiba-tiba, saya mendengar percikan air dan membuka mata saya untuk melihat adik perempuan saya **mendayung** di sekitar perairan dangkal. Saya tersenyum dan mengamatinya sebentar, lalu berdiri dan berjalan ke arahnya. Kami mengobrol sebentar dan mendayung bersama, menikmati kebersamaan satu sama lain. Tak lama kemudian, orang tua kami bergabung dengan kami, dan kami menghabiskan sisa sore hari dengan berenang dan bermain game bersama. Selalu menyenangkan menghabiskan waktu bersama keluarga di kolam renang. Ada **sesuatu** tentang berada di dalam air yang tampaknya menyatukan orang-orang. Mungkin karena kita semua sama ketika berada di dalam air-

Andare a nuotare

La piscina era sempre un luogo **rinfrescante** e oggi non era diverso. Il sole splendeva e l'acqua sembrava invitante. Feci un respiro profondo e mi tuffai, sentendo il fresco abbraccio dell'acqua. Nuotai per un po', godendomi l'esercizio e la possibilità di schiarirmi le idee. Dopo un po' uscii e mi asciugai, poi mi sedetti su un asciugamano per rilassarmi al sole. Chiusi gli occhi e lasciai che il **calore** mi avvolgesse, sentendo i miei muscoli iniziare a rilassarsi. All'improvviso sentii uno spruzzo e aprii gli occhi per vedere la mia sorellina **che sguazzava** nel basso fondale. Sorrisi e la osservai per un po', poi mi alzai e mi avvicinai a lei. Chiacchierammo per un po' e pagaiarono insieme, godendo della reciproca compagnia. Presto i nostri genitori ci raggiunsero e passammo il resto del pomeriggio nuotando e giocando insieme. Era sempre così bello passare del tempo con la famiglia in piscina. C'è **qualcosa** nello stare in acqua che sembra unire le persone. Forse perché quando siamo in acqua siamo tutti uguali, non possiamo nascondere i nostri difetti o fingere di essere ciò che non siamo. O forse è solo perché è divertente! **Qualunque sia** la ragione, mi ha fatto piacere che ci siamo riuniti tutti insieme e che ci siamo goduti la reciproca compagnia in un luogo così speciale.

kita tidak bisa menyembunyikan kekurangan kita atau berpura-pura menjadi sesuatu yang bukan diri kita. Atau mungkin hanya karena itu menyenangkan! **Apa pun** alasannya, saya senang bahwa kami semua bisa berkumpul dan menikmati kebersamaan satu sama lain di tempat yang begitu istimewa.

Matahari menyengat kulit saya dan bau klorin tercium di udara. Saya bisa mendengar suara anak-anak tertawa dan bermain air di kolam renang. Saya sedang berbaring di kursi **santai** di samping kolam renang, berjemur di bawah sinar matahari dan **menikmati** hari. Mata saya terpejam dan baru saja akan tertidur ketika saya mendengar seseorang berjalan ke arah saya. Saya membuka mata saya dan melihat seorang wanita berdiri di samping saya. Dia mengenakan bikini dan handuk melilit pinggangnya. Dia memiliki rambut pirang panjang dan mata biru. Dia memegang sebotol **tabir surya** di tangannya. “Apakah Anda keberatan jika saya mengoleskan tabir surya di punggung Anda?” tanyanya. “Tidak, tidak apa-apa,” kataku, duduk sehingga dia bisa mencapai punggungku. Saya merasakan tangannya di kulit saya saat dia mengoleskan tabir surya.

Il sole batteva sulla mia pelle e l'odore di cloro era nell'aria. Sentivo il rumore dei bambini che ridevano e sguazzavano nella piscina. Ero sdraiata su una sedia a **sdraio** accanto alla piscina, a prendere il sole e a **godermi la** giornata. Avevo gli occhi chiusi e stavo per addormentarmi quando sentii qualcuno avvicinarsi a me. Aprii gli occhi e vidi una donna in piedi accanto a me. Indossava un bikini e aveva un asciugamano avvolto intorno alla vita. Aveva lunghi capelli biondi e occhi azzurri. Aveva in mano un flacone di **crema solare**. "Ti dispiace se ti metto un po' di crema solare sulla schiena?", mi chiese. "No, va bene", risposi, sedendomi in modo che potesse raggiungermi la schiena. Sentii le sue mani sulla mia pelle mentre applicava la crema solare.

Pertanyaan Pemahaman

1. Di manakah sang narator ketika ia memulai cerita?

2. Apa yang dicium oleh narator ketika ia membuka matanya?

3. Apa yang didengar narator ketika ia membuka matanya?

4. Tabir surya siapakah yang diberikan wanita itu kepada narator?

5. Apa yang diimpikan oleh sang narator?

6. Mengapa berenang di laut begitu istimewa bagi sang narator?

7. Bagaimana rasanya air tempat narator berenang?

8. Apa yang dilihat narator ketika ia keluar dari air?

9. Apa yang dilakukan wanita itu setelah ia mengoleskan tabir surya pada narator?

10. Apa yang dibicarakan oleh narator dan wanita itu di akhir cerita?

Domande di comprensione

1. Dove si trovava il narratore quando ha iniziato la storia?

2. Che odore sente il narratore quando apre gli occhi?

3. Cosa sente il narratore quando apre gli occhi?

4. Di chi è la crema solare che la donna dà al narratore?

5. Che cosa sogna il narratore?

6. Perché il bagno in mare è così speciale per il narratore?

7.Come si sente l'acqua in cui nuota il narratore?

8. Cosa vede il narratore quando esce dall'acqua?

9. Cosa fa la donna dopo aver messo la crema solare al narratore?

10. Di che cosa parlano il narratore e la donna alla fine della storia?

Memotong Rumput

Saat itu pukul 10 pagi di hari **Sabtu** musim panas, dan matahari sudah menyengat tanpa ampun. Anda berjalan dengan susah payah ke garasi untuk mengambil mesin pemotong rumput, merasa seperti sedang **dihukum** kerja paksa. Anda mulai memotong rumput, memastikan untuk memotong rumput dengan baik dan pelan agar tidak ada bagian yang terlewatkan. Saat Anda memotong rumput, Anda berpikir tentang betapa menyenangkan rasanya berada di luar ruangan dengan udara segar. Saat Anda mulai mendorong mesin pemotong rumput bolak-balik di halaman, Anda melihat tetangga Anda dari sudut **mata Anda**. Anda melambaikan tangan dan menyapanya, dan dia membalas lambaiannya.

Setelah beberapa menit, Anda selesai, dan Anda pergi ke rumah tetangga Anda untuk minum bir bersamanya di taman depan. Hari itu adalah hari **yang** sempurna-tidak terlalu panas, dengan angin sepoi-sepoi yang bertiup lembut. Anda duduk di sana di bawah naungan pohon, menyeruput bir Anda dan mengobrol dengan tetangga Anda. Hari-hari seperti inilah yang membuat Anda menghargai musim panas. Kemudian Anda masuk ke dalam untuk minum bir yang memang layak. Anda menjatuhkan diri di kursi di teras depan

Tagliare il prato

Sono le 10 del mattino di un **sabato** estivo e il sole picchia già senza pietà. Si va in garage a prendere il tosaerba, con la sensazione di essere **condannati** ai lavori forzati. Iniziate a tagliare il prato, facendo attenzione ad andare piano per non perdere nessun punto. Mentre si taglia, si pensa a quanto sia bello stare all'aria aperta. Mentre iniziate a spingere il tosaerba avanti e indietro per il prato, con la coda dell'**occhio** vedete il vostro vicino. Lo salutate con la mano e lui ricambia.

Dopo qualche minuto, avete finito e vi recate a casa del vostro vicino per bere una birra con lui nel giardino davanti a casa. È una giornata **perfetta**: non fa troppo caldo e soffia una leggera brezza. Ci si siede all'ombra dell'albero, sorseggiando la birra e chiacchierando con il vicino. Sono giornate come questa che fanno apprezzare l'estate. Poi si **entra** in casa per una meritata birra. Ci si sdraia su una sedia del portico e si apre la lattina, tirando un sospiro soddisfatto. Il rumore del tosaerba passa in secondo piano mentre vi rilassate all'ombra, godendovi la **tranquillità del** momento. La birra ha un sapore ancora più buono dopo tutto quel duro lavoro al caldo. Stavo per rientrare in casa quando ho sentito un rumore nella stanza accanto.

dan membuka kalengnya, menghela napas puas. Suara mesin pemotong rumput memudar menjadi latar belakang saat Anda bersantai di tempat teduh, menikmati **kedamaian** saat itu. Bir terasa sangat enak setelah semua kerja keras di tengah cuaca panas. Saya hendak masuk ke dalam ketika mendengar suara di sebelah.

Kedengarannya seperti ada yang menangis. Saya berhenti memotong rumput dan berjalan ke pagar yang memisahkan pekarangan kami. Saya mengintip dan melihat tetangga saya, Nyonya Johnson, menangis di ayunan teras rumahnya. Saya memanggilnya, tetapi dia tidak mendengar saya. Saya memanjat pagar dan berjalan ke arahnya. “Nyonya Johnson, apakah Anda baik-baik saja?” Saya bertanya. Dia menatap saya dengan air mata berlinang dan menggelengkan kepalanya. “Tidak, saya tidak baik-baik saja,” katanya. “Kucing saya mati kemarin.” Saya terkejut. Saya tidak tahu harus berkata apa. Saya hanya berdiri di sana dengan canggung, tidak tahu apa yang harus saya lakukan. Akhirnya, saya meletakkan tangan saya di **bahunya** dan berkata, “Saya turut berduka cita, Nyonya Johnson. Jika ada yang bisa saya lakukan untuk membantu, tolong beri tahu saya. “ Dia menggelengkan kepalanya dan berkata, “Tidak, **tidak ada** yang bisa dilakukan siapa pun.” Kemudian dia bangkit dan masuk ke dalam rumahnya. Saya berdiri di sana sejenak, tidak tahu apa yang harus saya lakukan.

Sembrava che qualcuno stesse piangendo. Smisi di falciare e mi avvicinai alla recinzione che separava i nostri cortili. Mi affacciai e vidi la mia vicina, la signora Johnson, che piangeva sul dondolo del suo portico. La chiamai, ma non mi sentì. Scavalcai la recinzione e mi avvicinai a lei. “Signora Johnson, sta bene?”. Le chiesi. Lei mi guardò con le lacrime agli occhi e scosse la testa. “No, non sto bene”, disse. “Ieri è morto il mio gatto”. Ero scioccato. Non sapevo cosa dire. Rimasi lì impacciato, senza sapere cosa fare. Alla fine le misi una mano sulla **spalla** e dissi: “Mi dispiace molto, signora Johnson. Se posso fare qualcosa per aiutarla, me lo faccia sapere”. “Lei scosse la testa e disse: “No, nessuno può fare **niente**”. Poi si alzò ed entrò in casa sua. Rimasi lì per un momento, senza sapere cosa fare.

Pertanyaan Pemahaman

1. Jam berapa sekarang?

2. Di manakah orang yang sedang memotong rumput?

3. Bagaimana perasaan orang tersebut?

4. Mengapa orang tersebut harus memotong rumput secara perlahan-lahan?

5. Cuaca seperti apa itu?

6. Apa yang dilakukan orang tersebut setelah memotong rumput?

7. Apa yang didengar orang tersebut sebelum pulang ke rumah?

8. Siapa yang bersama Nyonya Johnson?

9. Mengapa Ibu Johnson menangis?

10. Apa yang dikatakan orang itu kepada Nyonya Johnson?

Domande di comprensione

1. Che ora è?

2. Dove si trova la persona che sta falciando?

3. Come si sente la persona?

4. Perché la persona deve falciare lentamente?

5. Che tempo fa?

6. Cosa fa la persona dopo la falciatura?

7. Cosa sente la persona prima di tornare a casa?

8. Chi è con la signora Johnson?

9. Perché la signora Johnson piange?

10. Cosa dice la persona alla signora Johnson?

Memotong Rambut

Saya sudah berminggu-minggu bermaksud untuk memotong rambut, tetapi entah bagaimana selalu berhasil menundanya. Tetapi dengan **Natal yang sudah** dekat, saya tahu saya tidak bisa menundanya lebih lama lagi. Saya tidak ingin datang ke acara makan malam Natal keluarga saya dengan penampilan berantakan. Jadi, pagi-pagi sekali pada hari Natal, saya pergi ke salon. Meskipun masih pagi, salon itu sudah sibuk dengan orang-orang lain **yang** menata rambut mereka untuk liburan. Saya mengambil tempat saya di antrean dan menunggu giliran saya. Akhirnya, tiba giliran saya di kursi. Penata rambut, seorang wanita ramah bernama Jill, bertanya apa yang saya inginkan. "Hanya memangkas rambut, tidak terlalu drastis," jawab saya. Jill mulai bekerja, memotong rambut saya. Saat dia bekerja, saya mulai rileks. Rasanya menyenangkan akhirnya bisa merawat diri saya sendiri. Akhir-akhir ini saya begitu sibuk, berlarian mengurus orang lain, sehingga saya membiarkan kebutuhan saya sendiri terabaikan. Tapi sekarang tidak **lagi**. Mulai sekarang, saya akan meluangkan waktu untuk diri saya sendiri.

Ketika Jill selesai, saya melihat ke cermin dan senang dengan apa yang saya lihat. Rambut saya terlihat rapi dan dipoles-sempurna untuk pertemuan liburan. Saya

Tagliarsi i capelli

Erano settimane che volevo tagliarmi i capelli, ma in qualche modo riuscivo sempre a rimandare. Ma con il **Natale** alle porte, sapevo che non potevo più rimandare. Non volevo presentarmi alla cena di Natale della mia famiglia con un aspetto trasandato. Così, la mattina presto di Natale, mi sono recata al salone. Anche se era presto, il salone era già pieno di persone che **si facevano** fare i capelli per le feste. Presi posto nella fila e aspettai il mio turno. Finalmente arrivò il mio turno sulla poltrona. La parrucchiera, una donna gentile di nome Jill, mi chiese cosa volessi. "Solo una spuntatina, niente di troppo drastico", risposi. Jill si mise al lavoro, tagliando i miei capelli. Mentre lavorava, cominciai a rilassarmi. Mi sentivo bene a prendermi finalmente cura di me stessa. Ultimamente ero stata così occupata a correre in giro per prendermi cura di tutti gli altri, che avevo lasciato cadere in secondo piano i miei bisogni. Ma **ora** non **più**. D'ora in poi avrei trovato il tempo per me stessa.

Quando Jill ha finito, mi sono guardata allo specchio e sono rimasta soddisfatta di ciò che ho visto. I miei capelli avevano un aspetto ordinato e curato, perfetto per le feste. **Ringraziai** Jill e presi **nota** di tornare più spesso. D'ora in poi mi prenderò cura di me

berterima kasih kepada Jill dan membuat catatan **mental** untuk lebih sering kembali. Mulai sekarang, saya akan merawat diri saya sendiri terlebih dahulu dan terutama. Dia mulai bekerja memotong-motong rambut saya. Saya berpikir tentang betapa bersyukurnya saya bahwa saya akhirnya bisa memotong rambut saya. Rasanya menyenangkan mengetahui bahwa saya akan terlihat rapi untuk **makan malam** Natal. Saya tidak lagi harus khawatir tentang keluarga saya yang menggoda saya tentang penampilan saya yang "berantakan". Setelah beberapa menit, penata rambut selesai memangkas rambut saya dan mengeringkan rambut saya dengan cepat. Saya melihat ke cermin dan senang dengan apa yang saya lihat-penampilan bersih yang akan sempurna untuk makan malam Natal. Sekarang, setelah potongan rambut saya selesai, saya bisa fokus menikmati liburan bersama keluarga saya. Dan saya bahkan lebih bersyukur untuk itu.

Rasanya sangat **membebaskan**, dan saya menyukai tampilan potongan rambut baru saya. Setelah saya membayar untuk potongan rambut saya, saya pulang ke rumah dan mulai berkemas untuk perjalanan saya. Saya **tidak** sabar untuk memamerkan penampilan baru saya kepada keluarga dan teman-teman saya. Saya tahu mereka akan terkejut ketika melihat saya. Pada hari penerbangan, saya tiba di bandara dengan banyak waktu luang. Saya melewati keamanan tanpa masalah, dan segera saya dalam perjalanan.

stessa prima di tutto. Si mise al lavoro per tagliare i miei capelli. Pensai a quanto fossi grata di essermi finalmente decisa a tagliarmi i capelli. Era bello sapere che sarei stata presentabile per la **cena** di Natale. Non avrei più dovuto preoccuparmi che la mia famiglia mi prendesse in giro per il mio aspetto "trasandato". Dopo qualche minuto, la parrucchiera finì di tagliarmi i capelli e mi diede una rapida asciugata. Mi guardai allo specchio e fui felice di ciò che vedevo: un look pulito che sarebbe stato perfetto per la cena di Natale. Ora che il taglio di capelli era stato superato, potevo concentrarmi sulle vacanze con la mia famiglia. Ed ero ancora più grata per questo.

Mi sentivo così **libera** e adoravo l'aspetto del mio nuovo taglio di capelli. Dopo aver pagato il taglio, sono tornata a casa e ho iniziato a fare i bagagli per il mio viaggio. **Non** vedevo l'ora di mostrare il mio nuovo look alla mia famiglia e ai miei amici. Sapevo che sarebbero rimasti sorpresi quando mi avrebbero visto. Il giorno del volo sono arrivata all'aeroporto con molto tempo a disposizione. Ho superato i controlli di sicurezza senza problemi e presto sono partita.

Pertanyaan Pemahaman

1. Apa yang perlu dilakukan oleh sang tokoh utama sebelum Natal?

2. Bagaimana perasaan sang tokoh utama tentang mengurus dirinya sendiri?

3. Siapa yang memangkas rambut sang protagonis?

4. Mengapa keluarga protagonis akan menggodanya?

5. Bagaimana perasaan sang tokoh utama setelah memotong rambutnya?

6. Apa yang dilakukan sang tokoh utama setelah memotong rambutnya?

7. Apa reaksi keluarga protagonis terhadap potongan rambutnya?

8. Apa yang dilakukan sang tokoh utama pada malam Natal?

9. Apa yang membuat pengalaman sang tokoh utama lebih istimewa?

Domande di comprensione

1. Che cosa doveva fare il protagonista prima di Natale?

2. Come si è sentita la protagonista nel prendersi cura di sé?

3. Chi ha tagliato i capelli al protagonista?

4. Perché la famiglia della protagonista la prendeva in giro?

5. Come si è sentita la protagonista dopo essersi tagliata i capelli?

6. Che cosa ha fatto la protagonista dopo essersi tagliata i capelli?

7. Qual è stata la reazione della famiglia della protagonista al suo taglio di capelli?

8. Che cosa ha fatto il protagonista la vigilia di Natale?

9. Cosa ha reso più speciale l'esperienza del protagonista?

Taman

Matahari terbenam, dan taman itu kosong. Saya duduk di bangku, menunggu **teman** saya. Kami telah merencanakan untuk bertemu di sini satu jam yang lalu, tetapi dia selalu terlambat. Saat saya hendak menyerah dan pulang, saya melihat dia berlari ke arah saya.

"Saya sangat menyesal," dia terengah-engah saat mencapai bangku. "Kereta saya **tertunda**."

"Tidak apa-apa," kataku **memaafkan**. "Saya baru saja sampai di sini."

Kami duduk dan mengobrol sejenak, saling mengobrol tentang kehidupan masing-masing sejak terakhir kali kami bertemu. Percakapan mengalir **dengan mudah**, dan rasanya seperti tidak ada waktu yang berlalu sama sekali sejak terakhir kali kami bertemu.

Saat matahari terbenam, kami mengucapkan selamat tinggal dan berpisah. Kali berikutnya kami bertemu, di taman yang berbeda. Sekali lagi, dia terlambat, tetapi saya tidak keberatan. Senang rasanya memiliki seseorang untuk diajak bicara yang **mengerti** saya. Kami berbicara tentang impian dan **aspirasi** kami, hal-hal yang ingin kami lakukan dalam hidup kami. Dia bercerita tentang rencananya untuk berkeliling dunia, dan saya berbagi impian saya untuk menjadi seorang penulis. Saat matahari terbenam di hari yang lain, kami mengucapkan selamat tinggal sekali lagi, berjanji untuk

Il parco

Il sole stava tramontando e il parco era vuoto. Mi sedetti sulla panchina ad aspettare la mia **amica**. Avevamo programmato di incontrarci qui un'ora fa, ma lei era sempre in ritardo. Proprio quando stavo per arrendermi e tornare a casa, la vidi correre verso di me.
"Mi dispiace tanto", ansimò quando raggiunse la panchina. "Il mio treno è **in ritardo**".
"Non c'è problema", dissi **con indulgenza**. "Sono appena arrivato anch'io".
Ci siamo seduti e abbiamo chiacchierato per un po', aggiornandoci sulle nostre vite dall'ultima volta che ci siamo visti. La conversazione è fluita **facilmente** e ci è sembrato che non fosse passato affatto del tempo dall'ultima volta che ci siamo visti. Al tramonto ci siamo salutati e abbiamo preso strade diverse. La volta successiva ci incontrammo in un altro parco. Anche in questo caso era in ritardo, ma non mi dispiaceva. Era bello avere qualcuno con cui parlare che mi **capisse**. Parlammo dei nostri sogni e delle nostre **aspirazioni**, delle cose che volevamo fare nella nostra vita. Lei mi parlò dei suoi progetti di viaggiare per il mondo e io le confidai il mio sogno di diventare scrittrice. Al tramonto di un altro giorno, ci siamo salutate ancora una volta, promettendo di tenerci in contatto questa volta.

tetap berhubungan kali ini.

Tahun-tahun berlalu, dan **persahabatan** kami tetap kuat, meskipun kami tinggal di bagian negara yang berbeda sekarang. Kami tetap berhubungan melalui surat dan sesekali menelepon, saling berbagi berita tentang kehidupan kami. Ketika dia mengumumkan bahwa dia akan menikah, saya tidak **terkejut** - dia selalu menjadi tipe **petualang.** Tetapi ketika dia bertanya kepada saya, apakah saya akan menjadi pendamping pengantin wanita pada upacara pernikahannya yang berlangsung di belahan dunia lain dari tempat tinggal saya...itu butuh beberapa hal yang meyakinkan! Namun pada akhirnya saya tidak bisa membiarkan sahabat saya menikah tanpa saya di sisinya, jadi terlepas dari ketakutan saya (dan setelah banyak memohon darinya!)Saya **setuju** untuk ikut serta untuk apa yang ternyata menjadi **petualangan** seumur hidup.

Gli anni sono passati e la nostra **amicizia** è rimasta forte, anche se ora viviamo in zone diverse del Paese. Ci siamo tenute in contatto tramite lettere e telefonate occasionali, condividendo le notizie della nostra vita. Quando annunciò che si sarebbe sposata, non ne fui **sorpreso**: era sempre stata un tipo **avventuroso**. Ma quando mi ha chiesto di farle da damigella d'onore alla cerimonia di matrimonio che si sarebbe svolta a metà strada dal luogo in cui vivevo... c'è voluto un po' per convincerla! Alla fine, però, non potevo permettere che la mia migliore amica si sposasse senza di me al suo fianco, così, nonostante le mie paure (e dopo molte suppliche da parte sua!), ho **accettato** di partecipare a quella che si è rivelata l'**avventura** di una vita.

Pertanyaan Pemahaman

1. Di mana penulis dan temannya pertama kali bertemu?

2. Mengapa teman penulis terlambat datang ke pertemuan mereka?

3. Apa yang dibicarakan oleh kedua sahabat itu ketika mereka bertemu lagi bertahun-tahun kemudian?

4. Bagaimana perasaan penulis saat menghadiri upacara pernikahan temannya?

5. Jelaskan latar upacara pernikahan.

6. Bagaimana persahabatan di antara kedua wanita ini berubah dari waktu ke waktu?

7. Apakah impian sang penulis?

8. Ke mana teman penulis berencana untuk bepergian?

9. Mengapa penulis ragu-ragu untuk menghadiri upacara pernikahan temannya?

Domande di comprensione

1. Dove si sono incontrati per la prima volta l'autrice e la sua amica?

2. Perché l'amico dell'autore è arrivato in ritardo all'incontro?

3. Di che cosa hanno parlato gli amici quando si sono rivisti anni dopo?

4. Come si è sentita l'autrice ad assistere alla cerimonia di matrimonio della sua amica?

5. Descrivete l'ambientazione della cerimonia nuziale.

6. Come è cambiata l'amicizia tra le due donne nel corso del tempo?

7. Qual è il sogno dell'autore?

8. Dove intende viaggiare l'amico dell'autore?

9. Perché l'autrice esitava a partecipare alla cerimonia di matrimonio della sua amica?

www.ingramcontent.com/pod-product-compliance
Lightning Source LLC
LaVergne TN
LVHW010603160826
845677LV00013B/3225

* 9 7 9 8 8 4 6 2 3 1 8 5 6 *